Moi, j'aime pas trop l'école

« C'est la vie aussi »
Collection dirigée par Bernadette Costa-Prades

« Il dit non avec la tête
Mais il dit oui avec le cœur
Il dit oui à ce qu'il aime
Il dit non au professeur. »

Jacques Prévert, *Paroles*

Gilles-Marie Valet
Anne Lanchon

Moi, j'aime pas trop l'école

Le comprendre, l'aider

Albin Michel

À Léo, preux chevalier des cours de récré.

G.M.V.

Introduction

Depuis quelque temps, depuis toujours peut-être, votre enfant se plaint de ne pas aimer l'école. Il traîne des pieds le matin pour s'y rendre, rêvasse pendant les cours, ronchonne pour faire ses devoirs : le seul point positif qui l'aide à supporter son ennui, ce sont éventuellement les copains qu'il retrouve dans la cour. Mais les récréations sont si courtes...
Cet ennui, il exprime de différentes manières : en classe, il reste replié sur lui-même ou fait preuve d'une extrême agitation, il se heurte avec sa maîtresse et multiplie les punitions, oublie systématiquement ses livres ou ses cahiers... Bref, il refuse de se plier aux règles élémentaires : s'il est devenu un écolier en franchissant le seuil de l'école, il n'est pas devenu pour autant un élève respectueux de son maître et désireux d'enrichir ses connaissances.
Si votre enfant apprécie peu l'école, il n'y est sans doute pas très heureux non plus : il connaît peut-être des difficultés d'apprentissage, qui lui renvoient une image négative de lui-même, perturbent ses relations avec l'enseignant, les autres élèves, avec vous-même. Peut-être

a-t-il du mal à se faire des copains ? L'échec scolaire et la solitude sont à l'origine de bien des souffrances.

Pourquoi certains enfants ont-ils tant de mal à s'adapter à l'école ? Comment les motiver ? Comment leur remettre le pied à l'étrier, leur redonner confiance, améliorer leur comportement ? Ce livre tente de faire le point sur tous les aspects de la question. Il vous offre quelques pistes pour mieux comprendre les réactions de votre enfant, l'aider à trouver sa place au sein de l'école et, au-delà, dans la société. Autrement dit, pour faire de lui un élève et un enfant épanoui.

Chapitre 1
Il a du mal à s'adapter

Les élèves qui entrent à la « grande école » sont parfois déçus par le CP : la maîtresse est moins câline et plus exigeante qu'en maternelle, le programme plus austère, l'apprentissage de la lecture moins facile que prévu. Comment les aider à s'adapter en douceur ?

Il a perdu ses repères

L'entrée au cours préparatoire représente pour un élève une étape essentielle dans sa scolarité, au même titre que l'entrée en maternelle et au collège. C'est quasiment un rite de passage, dont ses parents lui parlent depuis de longs mois : « L'an prochain, tu iras à la grande école, il faudra être raisonnable, tu auras des devoirs. » Ce discours est générateur d'espoir et de gratification : il va faire partie des grands désormais ; mais source d'anxiété également : sera-t-il à la hauteur ?

Moi, j'aime pas trop l'école

Évoquer à l'avance le CP est une bonne chose, à condition de se montrer précis pour que l'enfant sache à quoi s'en tenir, en s'appuyant par exemple sur les cahiers de ses frères et sœurs aînés, s'il en a.
Puis le grand jour arrive : avec son cartable neuf, votre enfant pénètre dans une immense cour, où des CM2 chahutent et jouent au foot. Il se sent vulnérable, dans cette foule où tout le monde se connaît. Il ignore où se trouvent sa classe, les toilettes, la cantine. Désormais, il est le plus petit parmi les grands. Tous les élèves de CP ont ressenti cette appréhension, même si avec leur maîtresse de grande section ils ont visité les locaux en juin. Ils ont perdu leurs repères géographiques, doivent s'habituer à de nouveaux visages : ceux des instituteurs, des dames de service, ceux des élèves aussi, plus nombreux et plus âgés.
Quelques semaines, généralement, suffisent pour surmonter leurs inquiétudes, trouver de nouveaux repères. Cependant, certains enfants mettent plus de temps que d'autres à s'adapter à l'école primaire. À ceux-là, l'année du CP paraît bien longue, et parfois aussi les suivantes.

Il regrette l'ambiance douillette de l'école maternelle

Le contraste entre l'école maternelle et l'école primaire est énorme, malgré l'introduction des cycles d'apprentissage en 1992, qui, sur le plan pédagogique, ont réuni la grande section de maternelle et les deux premières années de primaire (CP, CE1). À l'école maternelle, l'enfant a une relation privilégiée avec sa maîtresse, pleine de tendresse parfois, ainsi qu'avec les dames de service qui l'aident à boutonner son manteau, à mettre ses chaussons de gymnastique. Il travaille en ateliers, par petits groupes, se déplaçant d'un lieu à l'autre. La pédagogie fait la part belle aux jeux et aux activités d'éveil: peinture, musique, danse... Quand il a terminé, il peut feuilleter des livres et des magazines, dessiner, jouer...
À l'école primaire, rien de tout cela, ou si peu. Il lui faut rester assis pendant des heures, lever le doigt pour prendre la parole, s'interdire de parler avec ses voisins, se concentrer sur les consignes. La maîtresse se montre plus distante, plus exigeante également: il y a un programme à terminer! Aucune dame de service n'est là pour l'aider à nouer ses lacets. Quant aux jeux, ils ont disparu du paysage. Le CP, c'est du sérieux!

Certains enfants, et on les comprend, ont du mal à vivre cette étape. Ils peuvent être prêts intellectuellement, mais pas affectivement. C'est le cas notamment des élèves qui sont nés en fin d'année ou qui ont un an d'avance.

Il est fatigué

D'autres encore ne sont pas prêts physiologiquement: assister à six heures de cours, sans faire la sieste, leur demande un effort colossal, et ils s'écroulent de sommeil en rentrant chez eux. D'autant plus s'ils restent à l'étude le soir. Les enfants ne se développent pas tous au même rythme, mais l'école est la même pour tous, il faut faire avec! C'est à nous parents de créer les meilleures conditions possibles pour que notre enfant soit disponible pour ses apprentissages, et de ce fait heureux d'aller à l'école.

Pour cela, nous devons veiller à respecter son rythme. Les enfants ont besoin d'au moins dix heures de sommeil par nuit pour récupérer, et recycler les informations qu'ils ont apprises dans la journée. Évitez, cela va sans dire, la télévision dans leur chambre... 30% des enfants en auraient une*!

* Sources: *Médiamétrie.*

Les enfants ont aussi besoin de temps de pause après l'école. Laissez-les souffler avant d'attaquer les devoirs. S'ils restent à l'étude, ou s'ils font leurs devoirs avec une baby-sitter, ne leur imposez pas de les refaire une deuxième fois. Contentez-vous de vérifier qu'il n'y a rien à signer, vous vous «rattraperez» le week-end sur les leçons. Ne les bombardez pas non plus de questions sur leur journée de classe, à la manière d'un enquêteur de police! Les enfants de cet âge vivent dans l'instant présent. Se remémorer une journée de classe, faire le tri des informations, les transmettre représente pour eux un effort colossal. C'est pour cela qu'à la question «Qu'as-tu fait aujourd'hui?», ils nous répondent généralement: «Rien!»
Pour éviter tout surmenage, prévoyez également des temps de repos dans la semaine, n'abusez pas des activités. Certes, ils ont besoin de se dépenser et de s'épanouir. Faire du judo ou jouer du piano y contribue certainement. Mais ils ont aussi besoin de récupérer, de faire la sieste éventuellement pour les plus jeunes, de jouer, de voir leurs copains et... de ne rien faire!
Enfin, sans tomber dans la rigidité, tâchez de respecter un minimum de régularité dans les horaires de repas ou de coucher. Parce que c'est rassurant pour lui, et parce qu'un enfant qui se couche tantôt à 8 heures, tantôt à 10 heures doit développer pour s'adapter une énergie

psychique qui le rend moins disponible pour tout le reste, entre autres pour ses apprentissages.

Il n'est pas prêt affectivement

Le bon déroulement de la scolarité implique qu'un enfant ait pu grandir de manière harmonieuse sur le plan relationnel; plus précisément: qu'il ait appris peu à peu à se détacher de ses parents, de sa mère surtout, et à s'ouvrir aux autres. L'entrée en maternelle marque une première étape dans cet apprentissage: l'enfant doit intégrer l'idée que sa mère pense à lui, même si elle se trouve loin, et qu'elle viendra le chercher en fin de journée. Autrement dit, qu'elle ne l'a pas abandonné. Certains enfants vivent mal cette séparation et pleurent longtemps le matin. L'entrée au primaire réveille parfois chez eux cette douleur. Surtout si elle coïncide avec l'arrivée d'un petit frère ou d'une petite sœur, qui a la «chance», lui, de rester à la maison.
Les enfants qui n'ont pas encore rompu les liens maternels sont malheureux à l'école. Ils se montrent inquiets dès qu'ils s'éloignent de la maison, n'aiment pas dormir chez un copain, angoissent à l'idée de partir en classe de découverte. Ils ont parfois du mal à se lier avec les autres:

ils peuvent être très à l'aise sur le plan scolaire, mais complètement «empotés» sur le plan relationnel. Le rôle des parents est essentiel pour éviter cet écueil. Celui de la mère tout d'abord, qui ne doit pas surprotéger son enfant et lui faire comprendre qu'il est en sécurité loin d'elle. Celui du père également, qui doit aider son enfant à se détacher de sa mère et l'ouvrir au monde extérieur.
D'un point de vue affectif et symbolique, il est important que les parents accompagnent leur enfant à l'école le matin, le jour de la rentrée bien sûr, et si possible les autres jours. Ils lui manifestent ainsi leur attachement et leur confiance en la maîtresse, pour lui apporter des connaissances qu'ils ne sont pas en mesure de lui donner. Une délégation de pouvoir, en quelque sorte. Mais on n'a pas toujours le choix! Certains parents travaillent très tôt et doivent laisser leur enfant à la garderie le matin. Ils peuvent alors se «rattraper» le samedi matin. Quant à la sortie de 16h30, elle est encore plus difficile à assurer. Si vous avez opté pour la formule baby-sitter ou nounou, veillez à ce que cette dernière arrive bien à l'heure. Attendre que l'on vienne le chercher réveille chez un enfant l'angoisse de l'abandon.
Pour aider un enfant à se séparer, enfin, il est bon de lui apprendre très tôt à être autonome: s'habiller, se laver, lacer ses baskets, débarrasser la table, mettre son linge

à laver. Un enfant dégourdi sait qu'il peut accomplir des tâches seul, sans l'aide de ses parents. Il acquiert ainsi une confiance en lui qui l'aidera plus tard dans ses apprentissages scolaires, et ses relations avec les autres.

Il n'est pas prêt intellectuellement

Tous les enfants grandissent à leur rythme, que ce soit psychiquement ou physiologiquement. Certains parlent plus tôt, d'autres marchent plus tard, certains rêvent de partir en colonie de vacances, d'autres ne veulent pas en entendre parler... Intellectuellement, c'est la même chose. Certains sont prêts à rentrer dans les apprentissages à l'âge prévu, et d'autres pas du tout. Ils ne sont pas moins intelligents, simplement il leur faut un peu plus de temps.
En théorie, la création des cycles est censée corriger cet écueil, offrir à chaque élève la possibilité de progresser à son rythme. En réalité pourtant, tout est mis en œuvre pour qu'ils sachent lire et écrire dès la fin du CP. L'enseignant y met un point d'honneur, et les enfants «en retard» sur leurs copains le vivent très mal. Cette souffrance, ils ne l'expriment pas toujours par des mots, mais par leur comportement: ils se montrent soit

très agités, voire agressifs, soit complètement inhibés, repliés sur eux-mêmes.
Comment préparer son enfant à l'école, pour que cet apprentissage ne se fasse pas dans la douleur? En lui parlant, très tôt et très souvent. En nommant avec lui les objets, pour l'aider à enrichir son vocabulaire : ces mots auront un sens lorsqu'il apprendra à les lire. En construisant avec lui des phrases, pour acquérir naturellement les bases de la syntaxe. En lui lisant des histoires bien sûr, pour susciter chez lui le désir d'apprendre à lire. Le langage est la clé de l'apprentissage de la lecture.
Ce qui est vrai en lecture l'est aussi pour les mathématiques. Jouer avec son enfant aux petits chevaux ou au jeu de l'oie lui apprend à compter sans qu'il s'en aperçoive, jouer au Monopoly ou au Yam, à développer des stratégies, construire des Lego, à imaginer en volume… Confectionner un gâteau avec lui permet d'appréhender concrètement les unités de mesure, en pesant le sucre et la farine. Le tout, avec un plaisir immédiat et partagé.
On ne louera jamais assez le bienfait des jeux dans l'élaboration de l'intelligence. Les enfants qui sont en échec scolaire ont souvent des jeux très pauvres et très répétitifs, constate Jean-Luc Aubert, psychologue scolaire. Jouer contribue aussi au développement corporel, psychique

et social. C'est le moyen d'apprentissage le plus performant, parce qu'il est associé à un plaisir immédiat (ce qui n'est pas le cas des apprentissages scolaires...). Plutôt que de multiplier les exercices de maths ou de français avec votre enfant, si vous preniez le temps de jouer avec lui ?

Il est déçu par le CP

L'une des grosses différences entre la maternelle et le primaire réside sur ce point : en grande section, les élèves apprennent beaucoup en jouant encore. Ils jouent beaucoup, d'ailleurs. Au CP, terminé ! Lecture, écriture, calcul... lecture, écriture, calcul... L'austérité du programme a de quoi faire pâlir plus d'un adulte. Où sont donc passées les matières d'éveil : dessin, gymnastique, histoire, sciences naturelles ? Elles tiennent si peu de place dans le programme. Heureusement, cela s'améliore dans les années suivantes.
Quel contraste pour les enfants, quelle déception pour la majorité d'entre eux ! On leur avait tellement loué la « grande école », sans leur dire qu'apprendre à lire et à écrire serait si compliqué, ni que cela se ferait aux dépens de tout le reste. On leur a parlé avec émotion du plaisir de lire, sans préciser que cet

apprentissage était long et qu'il leur faudrait deux ans peut-être avant de lire sans effort et d'éprouver ce plaisir. Ils ont l'impression qu'on leur a menti, et ils ont raison. Avec le temps, nous autres adultes avons un peu tendance à oublier les difficultés que nous avons rencontrées, l'ennui que nous avons ressenti, pour livrer à nos enfants une vision idyllique et légèrement erronée de l'école de notre enfance. Comment voulez-vous qu'ils s'y retrouvent ! Soyons donc sincères avec lui, et compatissants. Nous savons que c'est difficile, pour être passés par là, mais qu'il fasse preuve de patience : l'an prochain, il fera plus d'histoire, de géographie et de sciences naturelles.

Il est anxieux

Si l'on s'en tient aux textes de loi actuels, l'instruction n'est obligatoire qu'à partir de 6 ans. Avant, même si tous les élèves fréquentent la maternelle, elle n'est que facultative. On comprend donc que pour les parents, inconsciemment, l'enseignement primaire soit plus important, qu'ils soient plus regardants sur les résultats. Cette exigence, ils la transmettent parfois sous forme d'anxiété à leur enfant.

C'est surtout au cours préparatoire qu'elle se manifeste. Cette année-là, l'élève sent peser sur lui une énorme pression : sa famille, son enseignant, tout le monde attend de lui qu'il sache lire avant la fin de l'année. Il sait, on le lui a dit, que l'enjeu est capital pour la suite de ses études, et cela le bloque parfois. Il a peur de ne pas être à la hauteur, de décevoir ses parents, sa maîtresse. Il entend parler d'enfants qui ont su lire dès Noël. Non, le CP n'est pas une année facile, et la meilleure manière pour les parents d'aider leur enfant à bien le vivre, c'est de dédramatiser leur discours, de ne pas placer l'école au centre de leurs préoccupations, d'accompagner bien sûr cet apprentissage par des encouragements, en valorisant les progrès de leur enfant, mais sans lui mettre la pression.
L'affectif joue un rôle important dans les apprentissages. Un enfant trop anxieux à l'idée de mal faire risque effectivement d'échouer. Surtout si on le réprimande pour ses échecs ou sa lenteur.

Il n'aime pas la cantine

Un grand nombre d'enfants, notamment les plus jeunes, détestent la cantine. La nourriture y est moins raffinée qu'à la maison, on y mange plus de légumes verts et de poisson (ce qui est une excellente chose en soi!), dans une ambiance très bruyante souvent, à une vitesse défiant tous les records. Bref, ce n'est pas toujours un moment de détente, surtout si les dames de service, excédées par le vacarme, se mettent à crier et à distribuer des punitions.

D'où une pression énorme des enfants pour rentrer manger à la maison. Le problème, c'est que les parents qui travaillent n'ont pas toujours le choix!

Si votre enfant se plaint de la cantine, commencez donc par lui expliquer pourquoi il y est inscrit: il ne s'agit en aucune manière d'une punition mais d'une nécessité, il y a des contraintes que les adultes ne maîtrisent pas. Faites-lui remarquer au passage qu'il est loin d'être seul dans ce cas. Combien d'enfants mangent en même temps que lui? Cinquante, soixante, soixante-dix? Voilà qui devrait relativiser un peu son sentiment d'abandon.

Essayez ensuite de cerner la raison pour laquelle il déteste tant la cantine. Si c'est la qualité des repas qui est en cause (de son point de vue), ce n'est pas trop grave. Un bon goûter compensera largement. Les menus des cantines sont en général très variés, il est rare que les élèves ne mangent rien à chaque repas.

Ou alors, c'est que vous ne l'avez peut-être pas habitué à manger de tout.
Si c'est l'ambiance survoltée qui lui déplaît, les cris des dames de service qui lui coupent l'appétit, essayez de rencontrer le responsable municipal pour en discuter, sans dramatiser. Vous pouvez aussi évoquer le problème aux délégués de parents d'élèves, si d'autres enfants se plaignent également.
L'idéal, si vous avez le choix, serait de mettre en place avec d'autres parents une organisation où les enfants mangeraient à tour de rôle chez l'un puis chez l'autre, dans le calme. Et de les habituer progressivement (un jour, puis deux, puis trois…) à manger à la cantine.
Car la cantine est aussi un moment de convivialité, où l'on retrouve ses copains dans un contexte différent de la classe. Par ailleurs, elle est précédée ou suivie d'une longue récréation, idéale pour entreprendre de grands jeux. Récupérer son enfant tous les midis présente l'avantage de casser le rythme trépidant d'une journée scolaire, mais l'inconvénient de l'isoler un peu de ses copains. D'ailleurs, il y a fort à parier que votre enfant vous réclame la cantine dans quelques années !

Il n'aime pas le sport, la piscine

La majorité des enfants apprécient le sport à l'école, qu'il s'agisse de gymnastique, de judo, de handball ou de natation. Le sport appartient résolument au domaine du ludique, même s'il comporte une dimension pédagogique indéniable : apprentissage des règles, découverte de son corps, désir de se surpasser... De plus, certains élèves, peu brillants en maths ou en français, se révèlent très performants sur un stade. Le sport est un excellent terrain de reprise de confiance en soi.
Certains enfants pourtant, peu nombreux heureusement, redoutent ces séances qui les exposent aux yeux des autres et les mettent dans une situation d'infériorité. Ils sont mal à l'aise avec leur schéma corporel, parce que trop gros ou trop petits, ou alors ils n'ont pas achevé leur développement psychomoteur et sont très gauches dès qu'il s'agit de faire une roue ou de dribbler. Tous les enfants ne grandissent pas au même rythme. Les adultes en ont conscience, mais les copains de classe l'ignorent et se moquent facilement d'eux. Plus peut-être que d'un enfant en échec scolaire.
Si votre enfant n'aime pas le sport, et se plaint de maux de ventre les jours de gymnastique ou de piscine, ne rentrez pas dans son jeu. Inscrivez-le au contraire à des

activités sportives qu'il aura choisies: athlétisme, football, danse, peu importe. Emmenez-le faire du vélo ou du roller le dimanche, pour qu'il développe ce qui lui manque le plus: l'aisance physique. Allez à la piscine ensemble pour qu'il apprenne à vaincre son appréhension de l'eau. S'il est aussi mal à l'aise dans son corps, c'est peut-être parce que vous-même ne faites pas assez d'exercice avec lui. L'envie d'agir naît pour une grande part de l'imitation des parents, puis des copains. De plus, la présence d'un père rassure l'enfant peu à l'aise physiquement.
Enfin si votre enfant présente des problèmes de surpoids, il vous faudra modifier son alimentation, et pour cela, prendre les conseils d'un nutritionniste.

L'essentiel

Il est normal pour un enfant d'avoir un peu de mal à s'adapter au primaire. Ambiance, relations avec la maîtresse, souplesse, pédagogie: le contraste avec la maternelle est trop important.

L'apprentissage de la lecture est long et difficile. Il est plus efficace si l'enfant se sent encouragé et ne subit

pas de pression de la part de ses parents. Et si ces derniers ont suscité chez lui l'envie d'apprendre à lire, en lui racontant des histoires depuis son plus jeune âge, sans renoncer à ce plaisir lorsqu'il saura lire.

L'enfant autonome, qui se sent en sécurité loin de ses parents et qui a intégré certaines règles de la vie en société, s'adapte plus vite à l'école.

Tous les enfants ne grandissent pas au même rythme, d'un point de vue physiologique, affectif et intellectuel. Mais l'école est identique pour tous. Ceux qui ne sont pas prêts se sentent en décalage par rapport aux autres et en souffrent.

Chapitre 2
Il manque de motivation

« L'école, c'est nul ! » De plus en plus d'enfants s'ennuient à l'école, ou plus précisément expriment leur ennui, ce qui est légèrement différent. Cette question est d'ailleurs arrivée en tête, loin devant les autres, lors du grand débat national sur l'avenir de l'école (2003-2004). Comment s'y prendre pour remotiver nos enfants ?

Il s'ennuie en classe

« Élève dans la lune, qui n'écoute pas, ne semble pas concerné par les apprentissages... » De nombreux enfants affirment s'ennuyer en classe. Ils rêvent, somnolent, regardent par la fenêtre, la journée leur semble interminable. D'autres manifestent autrement leur désintérêt : ils chahutent et bavardent, perturbent le cours, collectionnent les punitions. Si ces derniers attirent davantage l'attention des enseignants, et pour cause, les premiers sont à prendre avec autant de sérieux. Le problème, c'est qu'on ne les détecte pas tout de suite : ils font tout pour se faire oublier.

Un élève qui s'ennuie en classe, souvent, est un enfant qui ne se sent pas concerné par l'école : soit il n'a pas compris sa finalité, qui est de lui transmettre des connaissances, soit il s'est mis hors jeu, parce qu'il ne se sent pas digne de recevoir ces connaissances. Dans les deux cas, cet enfant est en danger d'échec scolaire.

Petit, l'enfant va à l'école pour faire plaisir à ses parents. Ce sentiment lui procure d'ailleurs un certain plaisir. Plus tard, il s'y rend pour retrouver ses copains, pour être en conformité avec les autres, avec la loi : l'instruction n'est-elle pas obligatoire jusqu'à 16 ans ? Cette motivation ne suffit pas. Pour être efficace, l'enseignement doit répondre à un besoin, un désir d'apprendre. Il doit aussi procurer un minimum de satisfaction, pour compenser les efforts fournis : plaisir de la réussite, plaisir de savoir. L'inconvénient, avec l'enseignement scolaire, c'est que ce plaisir est rarement simultané à l'effort : il est différé dans le temps. Ce que peu d'enfants sont en mesure d'apprécier ou de supporter.

Il n'est pas curieux

Comment naît le désir d'apprendre? À priori, tous les enfants sont curieux de nature. Souvenez-vous des premières années... Votre fils ou votre fille partait explorer la maison, en dévalisant les tiroirs de la cuisine, ou en dévissant les flacons de vernis à ongles. Puis des années suivantes, lorsqu'il vous posait mille et une questions, qui vous laissaient perplexe, parfois: pourquoi le ciel est-il bleu, pourquoi dans l'hémisphère Sud les habitants n'ont-ils pas la tête en bas?
Avez-vous pris la peine de lui répondre? Avez-vous cherché les réponses avec lui dans un livre? La curiosité d'un enfant est naturelle et spontanée, mais elle s'entretient en répondant du mieux possible à ses interrogations, quitte à chercher la réponse ailleurs quand on l'ignore. Un enfant à qui l'on ne répond jamais ou «plus tard, je suis occupé» finira nécessairement par ne plus se poser de questions.
Les psychanalystes ont sur ce point une interprétation. Selon eux, la curiosité sexuelle des petits enfants se transforme peu à peu en curiosité intellectuelle. Si un enfant, bridé par une éducation trop rigide, n'obtient pas de réponses à ses questions, ou si ces réponses sont trop évasives, voire fausses, il risque d'angoisser et de mettre un frein à sa curiosité sexuelle, et de ce fait à sa

curiosité intellectuelle. Les secrets de famille ou les événements traumatisants peuvent avoir le même effet: l'enfant ressent le malaise des adultes lorsqu'il les interroge à ce sujet, et s'imagine pour finir que la curiosité est dangereuse.

La curiosité d'un enfant s'entretient également en l'impliquant dans la vie de famille: en lui parlant de votre métier, de votre enfance, de ses oncles et tantes, à l'inverse en s'intéressant à ses amis et à ses passions (même si les Pokémon et le championnat de ligue 1 ne vous enthousiasment guère...), en le faisant participer à des décisions familiales. Un enfant qui a trouvé sa place dans sa famille et qui s'intéresse à elle est prêt à s'ouvrir au reste du monde, l'école en l'occurrence. Les enfants en échec scolaire, souvent, ignorent leur date de naissance, le prénom de leurs grands-parents, la profession de leurs parents. Ils vivent dans un monde dénué de sens.

La curiosité enfin s'entretient par des activités plus concrètes, aussi étonnant que cela puisse paraître. Demandez à votre enfant de vous aider pour la cuisine ou le jardinage, expliquez-lui comment on bat les œufs en neige, comment on greffe un arbre, emmenez-le pêcher avec vous si c'est votre passion... On ne peut pas attendre d'un élève qu'il s'intéresse à des abstractions, si on ne l'a pas intéressé auparavant à des choses plus concrètes.

Il ne voit pas à quoi sert l'école

Beaucoup d'enfants s'ennuient à l'école, parce qu'ils ne comprennent pas à quoi servent les matières qu'on leur enseigne. Elles leur paraissent complètement déconnectées de la réalité, ce en quoi ils n'ont pas toujours tort. Ils n'arrivent pas à faire le lien entre les soustractions et les conjugaisons d'un côté, la vie de tous les jours de l'autre. Cette réaction est tout à fait normale : la pensée de l'enfant, tout comme son corps, suit un développement progressif. Il ne peut pas à 8-9 ans avoir les mêmes attentes que nous vis-à-vis de l'école.
Ce lien, c'est à nous parents de le tisser, en l'incitant à écrire des cartes postales pendant les vacances, en l'envoyant acheter une baguette et en lui demandant de justifier la monnaie au retour, en lui suggérant de vous guider en voiture à l'aide d'une carte routière... Il existe des centaines d'occasions de mettre en pratique chez soi ce qu'on a appris en classe. L'essentiel étant que ce soit fait de manière naturelle.
Il convient également d'établir une cohérence entre l'univers de la famille et celui de l'école, pour que ses apprentissages lui paraissent moins étranges, moins abstraits, pour qu'ils s'intègrent mieux dans sa vie. Certes, tout le monde n'a pas les moyens ni l'occasion

d'aller régulièrement au cinéma ou au théâtre, de visiter des musées ou des monuments. Encore faut-il habiter à proximité d'une grande ville... Tout le monde peut en revanche se promener dans les champs ou en forêt pour observer les plantes et les animaux, sélectionner de bonnes émissions de télévision et surtout lire avec son enfant des documentaires ou des magazines pour lui faire découvrir, sous une forme attractive, le monde qui l'entoure. Notre enthousiasme nourrira sa curiosité, à condition là encore de ne pas en faire trop : les enfants ne sont pas dupes des émotions forcées !

Il ne se projette pas dans l'avenir

« Il faut aller à l'école pour acquérir un bon métier », « Si tu ne vas pas à l'école, tu te retrouveras au chômage ! » Inutile d'avancer ce type d'arguments si votre fils ou votre fille manque de motivation, vous ferez un flop à coup sûr. Les enfants de cet âge ne se projettent pas dans l'avenir, ils s'inscrivent dans une temporalité présente.
De plus, ils n'ont aucun moyen de vérifier l'authenticité de vos propos. Autrefois, quand une partie des élèves quittaient l'école après le certificat d'études pour

travailler, l'utilité de l'école paraissait plus évidente. Aujourd'hui, les élèves savent qu'il leur reste au bas mot quatre années de collège, voire sept années d'enseignement secondaire, sans compter les études supérieures. L'intérêt professionnel de l'école s'est différé dans le temps, bien trop loin pour un enfant de 7 ans!
Alors cessons de le décourager, et tenons-lui un langage vrai. S'il va à l'école, ce n'est pas pour trouver du travail, mais pour acquérir des savoirs et des outils indispensables pour devenir, beaucoup plus tard, un adulte. Un peu comme une plante a besoin d'eau, de terre et de soleil pour pousser, et donner des fruits.
Ce discours est bien sûr plus difficile à tenir si l'on est au chômage depuis longtemps, ou si l'on vivote de petits boulots. Les enfants de chômeurs comprennent bien avant les autres que l'école n'est plus un sésame suffisant pour s'intégrer dans la vie professionnelle. Et ils ont du mal à trouver chez eux la motivation qui leur fait défaut. Si c'est votre cas, sachez qu'il existe une structure, au sein de certaines écoles, pour les aider: le RASED (réseau d'aide spécialisée pour les enfants en difficulté). Les maîtres E, spécialisés dans la remise à niveau scolaire, et les maîtres G, qui s'intéressent plutôt au comportement, y font des merveilles pour remotiver les élèves défaillants. Vous pouvez aussi demander l'appui d'un

psychologue au sein du CMP (centre médico-psychologique) ou du CMPP (centre médico-psychopédagogique) de votre commune, si elle en possède un.

Il est découragé par ses résultats

Le manque de motivation des élèves s'explique souvent par de mauvais résultats répétitifs. L'enfant travaille et ses résultats ne sont pas à la hauteur, ou il ne travaille pas et ses résultats sont lamentables. Il devient la risée des autres, la bête noire de l'enseignant et préfère du coup se mettre hors jeu. Les études, ce n'est pas pour lui.
La motivation individuelle, selon Nicole Delvolvé, docteur en psychologie, a pour origine deux familles de causes qui sont très liées toutes les deux: les causes extérieures qui sont mises en place par l'institution scolaire pour stimuler les élèves (notes, appréciations, diplômes...) et les causes personnelles (envie de réussir, de parvenir au but qu'on s'est fixé, de faire plaisir à ses parents...).
Ces causes personnelles dépendent en grande partie de l'estime que se porte l'élève («Je sais que je suis capable de réciter cette poésie»), elle-même liée aux résultats obtenus jusqu'à présent. Un enfant qui réussit régulièrement ses exercices acquiert une confiance

en lui qui lui donne envie de poursuivre plus loin ses apprentissages. En revanche, celui qui multiplie les mauvaises notes et les remarques désagréables développe une image négative de lui-même. Et, de ce fait, renonce. Surtout s'il sent qu'en face de lui l'instituteur et ses parents ont baissé les bras.
Les enseignants qui travaillent au sein des réseaux d'aide le savent : quand un élève est en échec, le premier objectif consiste à restaurer son estime personnelle, en le plaçant en situation de réussite. Les parents doivent agir dans le même sens : encourager le moindre progrès, sans stigmatiser les erreurs, tout en restant exigeants.

Son instituteur « ronronne »

Nous avons tous en tête le souvenir d'un maître ou d'une maîtresse qui nous a marqués. Un enseignant passionné par son travail, ou sa matière, qui savait la rendre vivante, captiver nos cœurs et nos esprits, à l'image du professeur d'anglais du *Cercle des poètes disparus*. Avec ce maître ou cette maîtresse, nous avions envie de donner le meilleur de nous-mêmes, non seulement pour lui faire plaisir, mais aussi pour partager sa passion, éprouver un peu cette exaltation qu'il semblait ressentir.

La relation humaine est absolument essentielle dans tout apprentissage, surtout chez les plus jeunes. Les enfants progressent mieux avec une maîtresse qu'ils apprécient, et plus encore si elle fait preuve d'enthousiasme. La motivation naît du plaisir partagé, mais aussi du désir de ressembler à ceux qu'on aime. C'est vrai à tout âge.
Que faire, si votre enfant a affaire cette année à un enseignant démotivé, qui « ronronne » le même cours depuis des années ? Pas grand-chose, autant vous le dire ! Sinon espérer qu'il aura plus de chance l'année prochaine. Et compenser à la maison, par un enthousiasme à déplacer des montagnes, pour tout ce qui vous touche et qui est susceptible de toucher votre enfant : musique, sport ou cinéma, peu importe. Les maths ou la grammaire, il n'y croira pas !

L'école n'est pas assez attractive

Pour bon nombre d'enfants aujourd'hui, c'est la forme même de l'enseignement qui est devenue rébarbative. La concurrence de la télévision et des jeux vidéo l'a rendue bien terne par comparaison. Par ailleurs, le décalage s'est creusé entre la culture audiovisuelle des enfants et un enseignement resté très académique. Lire n'est plus

aussi naturel qu'autrefois. Dans de nombreuses familles, le lecteur DVD a remplacé le livre depuis longtemps.
Les parents ont bien sûr un rôle à jouer pour combler ce fossé, en limitant (sans l'interdire) l'usage de la télévision et des jeux vidéo, qui encouragent la passivité et brident l'imagination. Mais aussi, nous l'avons dit plus haut, en créant plus de passerelles entre l'école et la vie de tous les jours. Vous pouvez aussi acheter ou louer à la médiathèque des cédéroms éducatifs, il en existe d'excellents sur tous les sujets. Et l'inciter à regarder à la télévision «C'est pas sorcier» ou «E = M6 Junior», plutôt que des dessins animés japonais. La télévision propose aujourd'hui de bonnes émissions pour les enfants, prenez le temps de les visionner avec eux pour vous faire votre opinion. Et si elles sont diffusées à une heure qui ne vous convient pas, enregistrez-les. Pour en finir avec ce sujet, évitez surtout la télévision le matin, avant d'aller à l'école : elle sature le cerveau d'informations visuelles et sonores, et empêche les enfants de se concentrer sur leurs apprentissages. C'est comme si vous leur donniez un paquet de bonbons avant de passer à table.
N'attendons pas non plus de l'école ce qu'elle ne peut pas nous donner. Les enseignants sont là pour transmettre des savoirs, pas pour distraire nos enfants ! Elle a peut-être des progrès à faire en matière de pédagogie,

pour s'adapter à nos enfants gavés d'images et hyper-remuants, mais elle n'est pas un parc d'attractions.
Il est normal de s'ennuyer un peu à l'école : on ne peut pas s'intéresser à toutes les matières enseignées. Et puis honnêtement, est-ce que la géométrie et la conjugaison nous passionnaient, autrefois ? La seule différence avec nos enfants, c'est que nous n'osions pas le dire. Les enfants d'aujourd'hui sont moins conformistes et plus spontanés, c'est pour cela qu'ils expriment leur ennui. Leur seuil de tolérance a sans doute diminué également. Question de société, mais aussi d'éducation.

Il est incapable de faire un effort

Nos enfants ont-ils perdu le goût de l'effort ? De nombreux parents, dont vous faites peut-être partie, se posent cette question. Surtout ceux dont les enfants rechignent à aller à l'école.
Apprendre nécessite un effort, qu'il s'agisse des apprentissages premiers (parole, marche, propreté…) ou de l'enseignement scolaire. Pourtant, la différence est de taille entre ces deux types d'apprentissage. Dans le premier cas, l'enfant n'a pas conscience de l'effort qu'il fournit : il marche, tombe, se relève, recommence… Par ailleurs,

son effort s'accompagne d'une satisfaction immédiate. L'enfant réussit à faire quelques pas, son entourage applaudit des deux mains (gratification extérieure) et le voilà prêt à découvrir le monde (gratification personnelle). Avec l'école, c'est hélas très différent. Non seulement l'élève a conscience de l'effort qu'il fournit, mais le plaisir procuré par la réussite est souvent largement postérieur à sa peine. Ainsi l'enfant apprend à écrire en cours préparatoire, mais il lui faut attendre des années pour que cette écriture devienne naturelle, et pour écrire son journal intime. Les enfants, spontanément, n'ont pas le goût de l'effort. Ils ont aussi besoin de réussir vite, sinon ils se découragent. Cela vaut également pour l'apprentissage d'un sport ou d'un instrument de musique.

Les pires sont les enfants-rois, qui n'ont jamais connu de frustrations, obtiennent tout de leurs parents et sans attendre, pour des raisons diverses et variées (culpabilité liée à un surcroît de travail, culpabilité consécutive à un divorce, désir de réparation...). Ces enfants-là sont restés au principe de plaisir, comme les bébés, ils ne passent jamais au principe de réalité. Ils vivent dans la satisfaction immédiate de leurs désirs et de ce fait ne supportent pas les contraintes et les efforts qu'exige l'école. Comment faire en sorte que notre enfant accepte de ne pas réussir tout, tout de suite ? En encourageant ses

progrès sans mettre l'accent sur ses erreurs, en le félicitant pour ses efforts, en s'adaptant à son niveau. Vous ne demanderez jamais à un bébé qui commence à marcher de courir un 100 mètres ! Alors n'exigez pas que votre enfant, qui vient tout juste d'apprendre le principe des divisions, sache les faire en deux jours. À l'inverse, montrez-vous un minimum exigeant pour lui prouver votre confiance. Enfin pensez, chaque fois que c'est possible, à l'accompagner dans ses apprentissages, pour qu'il n'ait pas l'impression de passer un examen, ce qui risquerait de l'inhiber. S'il démarre le roller, apprenez donc avec lui et prenez-lui la main, plutôt que de l'observer en attendant la chute.
N'hésitez pas non plus à vous lancer avec lui dans des projets à moyen ou long terme : construire une maquette, organiser une randonnée, faire un puzzle de 1 000 pièces. Tout ce qui s'inscrit dans la durée est bon pour lui apprendre la patience. Les athlètes de haut niveau ne s'entraînent-ils pas des années durant pour arriver au sommet ? Et combien d'échecs ont-ils rencontrés avant de monter sur un podium ? Ceux-là, la presse n'en parle jamais ! En revanche, elle s'étend avec un peu trop de complaisance sur les succès fulgurants et factices des vedettes de *reality show*...

Les enfants précoces

Certains enfants s'ennuient à l'école parce que ce qu'ils y apprennent est trop facile pour eux. Ces enfants-là, dits «précoces» ou «surdoués», ont un QI très supérieur à la moyenne, qui va au-delà de 125, la moyenne tournant autour de 80-100. Ils manifestent une grande curiosité pour des sujets qui ne sont pas forcément de leur âge et font preuve d'une grande autonomie: ils posent de nombreuses questions, mais n'hésitent pas à en chercher eux-mêmes les réponses dans des livres pour adultes. Si vous pensez que c'est le cas de votre enfant, il faut en discuter avec son enseignant, et rencontrer un psychologue scolaire. Il lui fera passer des tests de niveau intellectuel et de personnalité.
Si les tests confirment sa précocité, vous déciderez ensemble s'il convient ou non de faire sauter une classe à votre enfant. Il sera ainsi plus stimulé intellectuellement et s'investira davantage dans ses études. Sachez toutefois qu'il court le risque, en se retrouvant avec des élèves plus âgés, d'être en décalage au point de vue physiologique et affectif, de ne pas apprécier les mêmes jeux qu'eux et de se retrouver isolé sur le plan relationnel. Il faut donc bien peser le pour et le contre avant de prendre cette décision,

l'objectif étant le bonheur de votre enfant, non la satisfaction de votre narcissisme.
Tous les enfants surdoués n'ont pas, hélas, d'excellents résultats scolaires et ne peuvent prétendre sauter une classe. Ce serait trop simple. Un grand nombre d'entre eux connaissent au contraire de grosses difficultés. Ils excellent dans une matière et sont très mauvais dans une autre. Ils manquent de méthodes, ayant pris l'habitude de réussir facilement autrefois, ils écrivent mal et, curieusement, doutent souvent de leurs capacités. Parfois aussi, ils doutent de celles de leur maître, ce qui ne favorise pas de bonnes relations! En réalité, leurs capacités cognitives s'accommodent mal d'un enseignement conçu pour le plus grand nombre: ils sont inadaptés au système.
Si c'est le cas de votre enfant, il faut veiller à bien l'encadrer au point de vue scolaire, pour l'aider à remonter la pente et à valoriser tous ses dons. Vous pouvez pour cela trouver le soutien d'un pédagogue ou d'un psychologue. Sachez enfin qu'il existe des écoles privées pour les enfants surdoués qui prennent en compte tous les aspects de leur personnalité (voir *Contacts utiles* en fin d'ouvrage).

Et si ça venait de nous?

Et si le manque de motivation de notre enfant trouvait sa source dans notre propre attitude?

Certains parents surinvestissent la scolarité de leur enfant. Ils le bombardent de questions à la sortie de l'école, surveillent de très près ses notes, surtout quand elles diminuent, n'hésitent pas à lui donner des devoirs supplémentaires, pour vérifier qu'il a bien compris sa leçon... Bref, ils lui mettent la pression, ce qui très vite devient intolérable: l'enfant a peur de ne pas être à la hauteur, surtout si ses parents ont fait des études brillantes ou que sa sœur aînée réussit mieux que lui. Il préfère alors se mettre hors compétition pour se démarquer, ne pas risquer l'échec ou tout simplement pour qu'on le laisse en paix.

Parfois, il réagit à l'inverse en jouant à fond le jeu de ses parents et devient un obsessionnel des notes, un perfectionniste anxieux, qui s'écroule au premier échec. Cet enfant-là ne peut pas être heureux, parce qu'il accomplit le désir de ses parents, non le sien. C'est un enfant-esclave, le contraire de l'enfant-roi.

D'autres parents, au contraire, se désintéressent de la scolarité de leur enfant: ils ne signent jamais ses cahiers, n'assistent pas aux réunions de parents d'élèves et ne se déplacent jamais lorsqu'ils sont convoqués par l'enseignant. Ces adultes ont parfois un vécu douloureux avec l'école, marqué par l'échec scolaire. Ou alors, ils ne s'y sentent pas à l'aise, pour des raisons culturelles ou sociales. Peut-être traversent-ils une mauvaise passe, sur le plan familial ou professionnel ? À moins qu'ils ne soient débordés de travail au contraire, et rentrent tous les soirs à 20 heures ?

Peu importent les causes de leur désaffection, ce sont les conséquences qui nous préoccupent ici. Un élève ne peut pas se passionner pour l'école si ses parents eux-mêmes ne s'y intéressent pas, c'est impossible. Certes, tous les parents ne sont pas en mesure d'aider leur enfant pour ses devoirs. Et s'ils le sont, ils n'ont pas toujours le temps ni l'énergie de le faire en rentrant du travail le soir. Tous les parents peuvent en revanche faire l'effort de rencontrer la maîtresse en début d'année, ou plus tard, si cette dernière les convoque. Cette rencontre est souvent capitale pour débloquer une situation, trouver ensemble des solutions efficaces. Un élève qui sème la pagaille en cours ou qui ne travaille pas désire peut-être, inconsciemment, attirer l'attention de ses parents sur lui.

Notre discours sur l'école est négatif

Certains parents s'intéressent à la scolarité de leur enfant, mais tiennent devant lui, sans s'en rendre compte parfois, un discours très négatif sur l'école, qui est peu propice à sa motivation. Ils ne sont pas les seuls : depuis quelques années, l'institution scolaire est très malmenée par les médias et par la société tout entière. On reproche aux enseignants de ne pas se remettre en question, de manquer d'initiative, de faire grève à la moindre occasion... L'objet de ce livre n'est pas de justifier ou non ces critiques, mais de vous mettre en garde. Critiquer l'école devant votre enfant est une erreur. Cela contribue à la dévaloriser à ses yeux, et ôte à votre discours toute légitimité : comment persuader votre enfant de travailler à l'école si, parallèlement, vous conspuez le système ? C'est incohérent. Pour les mêmes raisons, évitons d'émettre des critiques spécifiques sur son enseignant, même si ses méthodes nous déplaisent, même si nous le trouvons incompétent, même si nous constatons qu'il fait des fautes d'orthographe. Parce que notre enfant n'a pas le choix, il doit « faire avec » jusqu'à la fin de l'année. Et parce qu'un enfant doit impérativement respecter son enseignant, pour apprendre dans de bonnes conditions. Il doit lui reconnaître, en quelque sorte, son statut de « maître ».

Certains parents enfin se permettent de critiquer le travail scolaire en le comparant au leur : « Moi, je gagne de l'argent, alors toi, tu n'as pas ton mot à dire ! » Ce type de jugement est non seulement stupide, mais très dévalorisant pour un enfant qui, certes, n'est pas rémunéré pour ce qu'il fait en classe, mais n'en travaille pas moins pour autant. Et parfois plus que certains adultes...

Et si nous montrions l'exemple ?

« Faites ce que je dis, ne faites pas ce que je fais. » Cette maxime pleine d'humour peut avoir des effets dévastateurs sur la motivation scolaire des élèves, si elle est mise en pratique par leurs parents. Un enfant ne peut pas avoir envie de lire et d'apprendre ses leçons si ses parents se vautrent devant la télévision en rentrant du travail ! Certes, il est normal d'être fatigué les soirs de semaine. Trouvons néanmoins le temps de passer un moment agréable avec lui : jouer à un jeu de société, lire un livre ensemble, par exemple.

Beaucoup d'enfants ne comprennent pas l'intérêt de l'école, et de la lecture en particulier, parce qu'ils n'ont jamais vu leurs parents ouvrir un livre ou un journal, hormis un magazine télé peut-être. Sans crier haro sur la télévision, qui a aussi des vertus distrayantes et propose parfois d'excellentes fictions et documentaires, veillons à ce que nos enfants n'en abusent pas. Et pour cela, veillons à ne pas en abuser nous-mêmes. Regarder ensemble un bon film permet de partager un moment de plaisir avec eux et d'entamer éventuellement une discussion à son sujet. Mais cela n'empêche pas d'ouvrir de temps en temps un livre, ne serait-ce qu'un atlas de géographie !

L'essentiel

Souvent, un élève qui s'ennuie à l'école est un enfant qui n'a pas compris sa finalité. Les parents ont un rôle à jouer sur ce point, en tissant plus de liens entre l'école et la vie familiale.

Les apprentissages scolaires nécessitent de la patience et des efforts, pour un plaisir souvent différé. Or les enfants ont besoin de réussir vite. Les parents peuvent les aider à surmonter ces efforts, en encourageant leurs progrès et en leur apprenant à accepter la frustration.

Moi, j'aime pas trop l'école

Il est normal de s'ennuyer un peu à l'école. Le rôle de l'école est de dispenser des savoirs et des outils, d'aider les enfants à grandir, pas de les distraire.

Attention à ne pas tenir de discours négatif sur l'école ni sur son enseignant devant votre enfant. Vous les discréditez à ses yeux, et l'empêchez de s'investir.

Pour être motivé, un enfant a besoin de sentir que ses parents s'intéressent à sa scolarité, sans la surinvestir pour autant. Sinon, il risque d'avoir peur de les décevoir.

Chapitre 3
Il a du mal à suivre

Les difficultés d'apprentissage engendrent une grande souffrance chez les élèves, ils se sentent rejetés par le système, honteux vis-à-vis des autres élèves, ils sont tristes de décevoir leurs parents. Comment les prévenir et les corriger avant qu'elles ne se transforment en échec scolaire ?

Il est lent

Chaque enfant apprend à son rythme, certains sont plus rapides, d'autres plus lents : ils ont besoin de plus de temps pour comprendre une leçon, la mémoriser, l'appliquer dans un exercice... L'intelligence n'y est pour rien, et il n'y a pas lieu de s'inquiéter si ces élèves, au bout du compte, obtiennent de bons résultats. Il suffit de leur accorder le temps nécessaire, sans s'énerver (instituteur, parents) ni se moquer (élèves). Quitte à donner quelques exercices supplémentaires à ceux qui ont déjà terminé pour vérifier qu'ils ont vraiment compris. L'excès de vitesse constitue aussi un défaut, car il favorise les erreurs.

Les cycles d'apprentissage ont été introduits pour que les élèves plus lents trouvent leur place dans le système, sans prendre de retard. Et parce que les apprentissages ne se font pas de manière linéaire, quel que soit le profil de l'élève. Il y a des périodes d'accélération et des périodes de stagnation, surtout quand les enfants ne sont pas disponibles psychiquement, qu'ils se sentent fragilisés : ils viennent de déménager, leurs parents se sont séparés...

Mais la lenteur s'accompagne parfois de mauvais résultats, ce qui est plus ennuyeux. Elle exprime alors d'autres difficultés : un manque de motivation (l'enfant a du mal à se mettre au travail, il rêvasse... – voir *chapitre précédent* –), ou de réelles difficultés d'apprentissage (il a du mal à se concentrer, à comprendre les consignes d'un exercice, à mémoriser ses leçons...). Cela ne signifie pas, là non plus, que votre enfant est stupide, mais qu'il n'a pas trouvé les bonnes méthodes pour apprendre, et plus précisément, les méthodes qui lui conviennent.

Il a du mal à se concentrer

Le manque de concentration est à l'origine d'un grand nombre de difficultés scolaires. Les élèves se laissent distraire par les allées et venues du maître, le bavardage des voisins, un billet doux qui circule... et ils décrochent. Dans une classe composée de trente élèves, les stimulations sont multiples, et il n'est pas évident, pour un enfant de 7 ou 8 ans, de se focaliser sur l'essentiel (le cours) et de faire abstraction du reste (bruits, mouvements...). Encore faut-il qu'il soit disponible physiquement et intellectuellement pour recevoir cette information. Le corps doit être au repos, pour que les fonctions cognitives supérieures (concentration, mémorisation...) soient efficaces. Or de nombreux enfants, très agités en classe, ne parviennent pas à fixer leur attention.
Pourquoi sont-ils donc agités ? Il se peut que le cours ne les passionne guère, ou que le moment soit mal choisi. Chacun sait qu'en début d'après-midi notre cerveau fonctionne au ralenti. Il se peut aussi, tout simplement, que ces enfants manquent de sommeil ou qu'ils n'aient pas assez mangé. Respecter les besoins fondamentaux des enfants est l'une des clés de la réussite scolaire. Elle n'est pas si difficile à mettre en œuvre pour les parents : un vrai petit déjeuner le matin (ou un goûter à 10 heures,

si l'enfant ne peut rien avaler de bonne heure), une bonne nuit de sommeil, pas de surcroît d'activités le mercredi et le week-end pour récupérer.

Ces bonnes conditions étant réunies, il ne suffit pas de conseiller à son enfant d'être attentif en cours pour qu'il y parvienne, il faut lui expliquer comment. Pour se concentrer et maintenir son attention, un enfant doit se montrer actif en classe : ne pas se contenter de lire le tableau ou d'écouter passivement son maître, mais «mettre dans sa tête» la leçon, avec l'intention de la retenir et de la réutiliser plus tard, pour une évaluation, par exemple. Pour cela, il doit s'approprier le cours, en créant ses propres images mentales : des images visuelles ou auditives selon son fonctionnement. Si le maître explique la transformation de l'eau en glace ou en vapeur d'eau, il doit voir dans sa tête ces différentes étapes ou se les raconter. Il peut également les gribouiller sur une feuille : certains enfants ont besoin d'agir pour s'approprier une information.

Les travaux du pédagogue Antoine de La Garanderie sur la gestion mentale ont mis en évidence plusieurs familles d'élèves parmi lesquelles : les visuels, les auditifs et les kinesthésiques, qui sont très sensibles aux mouvements et aux émotions. Pour savoir comment fonctionne votre enfant, demandez-lui comment il s'y prend pour retenir l'orthographe d'un mot difficile : est-ce qu'il l'épelle, est-ce qu'il le voit dans sa tête, est-ce qu'il a besoin de l'écrire ? Dans le premier cas, il serait plutôt auditif, dans le deuxième plutôt visuel et dans le troisième plutôt kinesthésique.

À lui donc de tout mettre en œuvre pour tirer profit de ses atouts, maintenant qu'il les connaît. À vous de l'aider à s'entraîner à la maison, sans pour autant l'enfermer dans une méthode. Chacun de nous a un « langage » dominant, mais utilise les deux autres.

Les auditifs, généralement, sont capables d'une grande concentration après un démarrage difficile. Les visuels, eux, se laissent plus facilement déconcentrer : ils ont besoin de calme pour travailler.

Il a du mal à mémoriser ses leçons

Certains enfants ont du mal à mémoriser leurs leçons pour de multiples raisons. Ils n'ont pas écouté l'enseignant, et de ce fait n'ont pas compris le cours. De retour chez eux, ils ne savent pas très bien comment s'y prendre, se contentent de lire puis de fermer leur cahier. Parfois ils apprennent correctement, mais, une fois interrogés, sont incapables de réciter leur leçon. L'attention en classe, nous l'avons vu plus haut, est primordiale pour comprendre et mémoriser une leçon. Selon les spécialistes, elle représente à elle seule la moitié du travail d'apprentissage.

Mais elle ne suffit pas, car la mémoire répond à d'autres règles, relativement complexes. Tout d'abord, elle est très liée à l'émotion : on retient mieux ce que l'on aime bien, ou ce que l'on a appris dans un contexte agréable. Les matheux apprennent plus facilement les théorèmes que les leçons de grammaire. Un élève grondé pendant le cours sur le paléolithique aura sans doute plus de mal à mémoriser ce chapitre, même s'il est bon en histoire. L'affectif explique également que les émotifs aient du mal à restituer une leçon qu'ils connaissaient par cœur à la maison : la peur les paralyse et bloque l'accès à l'information mémorisée. Une fois de retour à leur place, elle leur revient aussitôt.

Par ailleurs, il est très difficile, et ce serait stupide, d'apprendre sans comprendre sa leçon : nous mémorisons mieux ce qui a du sens pour nous. Si votre enfant n'arrive pas à retenir sa poésie, c'est peut-être qu'il n'en connaît pas tous les mots. Prenez donc le temps de les lui expliquer. Ce qui ne le dispense pas d'apprendre par cœur son poème, pour mieux en apprécier la sonorité et le rythme. En matière d'apprentissage, la

compréhension n'exclut pas le par cœur : il faut comprendre une règle d'orthographe pour la mémoriser, mais apprendre par cœur les exceptions à cette règle pour les retenir.
Pour se fixer dans notre mémoire, tout nouveau savoir a également besoin d'être relié à des connaissances antérieures, fixées dans une mémoire plus ancienne. Votre enfant a du mal à retenir sa leçon sur l'accord du participe passé ? Il n'a sans doute pas très bien assimilé encore la construction du passé composé. Avant d'aborder de nouveaux apprentissages, mieux vaut s'assurer que les précédents sont bien stables. Comme une maison dont on vérifie les fondations avant de construire les étages supérieurs.
Pour apprendre une leçon, chacun a sa technique, selon qu'il est plutôt visuel, auditif, kinesthésique, ou un peu des trois à la fois : certains préfèrent la réciter à haute voix, en position assise ou en marchant, d'autres ont besoin de réécrire les mots importants ou de faire des schémas, certains s'inventent une histoire, d'autres ont besoin de traduire la leçon avec leurs propres mots... Peu importe la méthode, l'essentiel étant que votre enfant trouve celle qui lui convient le mieux.
Ce qui compte en revanche, c'est de revenir régulièrement sur une leçon pour vérifier qu'on l'a bien assimilée.

Moi, j'aime pas trop l'école

L'historien anglais Tony Buzan, connu pour ses travaux sur le fonctionnement du cerveau, préconise pour une mémorisation définitive de revoir 5 fois une leçon, soit 10 minutes après, 24 heures, 1 semaine, 1 mois et 6 mois plus tard. Sans pousser jusqu'à cette extrémité, incitez votre enfant à revenir le soir même sur la leçon du jour (en primaire, c'est facile). Avant de prendre son cahier, il peut récapituler dans sa tête ce qu'il en a retenu, puis une fois le cahier ouvert combler ses oublis. Il en profitera pour mettre de l'ordre dans ses notes, en soulignant les têtes de chapitre, en surlignant au Stabilo les mots importants, en rajoutant ici ou là quelques flèches, pour souligner les liens de cause à effet : la mémoire aime l'ordre !
Pour bien mémoriser enfin, il faut avoir le projet de restituer et d'exploiter ce que l'on apprend. Imaginer les questions de son maître, une carte à compléter, se voir en train de réciter devant la classe, bref, se projeter dans l'avenir pour mieux retenir et ne pas perdre ses moyens le lendemain. En tant que parents, nous pouvons jouer ce rôle du maître. Et si l'occasion se présente, lui demander de nous expliquer le contenu de sa leçon, en prétextant l'avoir oubliée, ou ne l'avoir jamais apprise, pour le valoriser.

Les devoirs tournent au cauchemar

Tous les soirs, votre enfant rentre à la maison avec une liste de devoirs à faire pour le lendemain : lecture et mots à apprendre pour les plus jeunes, exercice de maths ou leçon d'histoire pour les plus âgés... L'idéal serait qu'il n'y passe pas plus d'une demi-heure. Mais parfois, la fatigue l'empêche de se concentrer, les devoirs traînent en longueur, vous vous énervez, il se décourage et la séance vire au cauchemar.
Pour éviter les conflits, il est indispensable de ménager un temps de repos au retour de l'école, une transition entre les deux univers : une demi-heure à trois quarts d'heure sont nécessaires pour récupérer. Après l'avoir laissé goûter et jouer, installez-le dans une pièce calme, si possible toujours la même : ce rituel facilitera sa concentration. Puis listez ensemble le travail à accomplir et planifiez-le. Apprenez-lui, pour éviter les débordements, à se fixer une heure limite pour l'ensemble de ses devoirs. Et s'il la dépasse régulièrement, à s'interroger : est-ce que c'était trop difficile ? Est-ce qu'il a manqué de concentration ?
Les petits apprécieront de réciter leur poésie, de montrer leurs progrès en lecture. Ce sera l'occasion de manifester votre intérêt et d'expliquer à votre enfant

un point de grammaire qu'il n'a pas très bien saisi. Attention cependant à ne pas vous substituer à son enseignant ! Ne le grondez pas s'il a raté sa multiplication, repérez plutôt avec lui la raison pour laquelle il s'est trompé (a-t-il oublié une retenue ?), pour éviter qu'il renouvelle la même erreur. Ne lui donnez pas non plus d'exercices supplémentaires : il a déjà six heures de cours derrière lui.

En grandissant, votre enfant doit acquérir une certaine autonomie dans son travail. Laissez-le apprendre ses leçons et faire ses devoirs seul, en restant disponible dans une autre pièce s'il a besoin d'explications. Vérifiez de temps en temps qu'il a bien compris son cours et ne s'est pas trompé dans ses exercices. Mieux : apprenez-lui à vérifier tout seul.

Si malgré ces conseils les devoirs restent un sujet de discorde, si les difficultés d'apprentissage de votre enfant vous paraissent insurmontables, ou si tout simplement vous n'êtes pas disponible en fin d'après-midi, ne culpabilisez pas : vous n'êtes pas un pédagogue mais un père ou une mère, et en tant que tels votre priorité consiste à préserver de bonnes relations avec votre enfant. Vous pouvez l'inscrire à l'étude du soir : elle est assurée par des enseignants dont c'est le métier. Ou encore déléguer les devoirs à une tierce personne neutre : un étudiant, une baby-sitter, un grand-parent. Des associations de bénévoles proposent également dans certaines communes une aide aux devoirs : renseignez-vous auprès de l'école, ou de la mairie.

Il déteste les maths

Un grand nombre d'enfants détestent les mathématiques. Ils ont parfois de bons résultats en français et dans les autres disciplines, mais « coincent » dès qu'il s'agit de manier des chiffres ou des formes géométriques, autrement dit des abstractions. Et ils se braquent d'autant plus que l'école et leurs parents accordent une grande importance aux maths, matière sélective par excellence.
Comment expliquer ce manque d'intérêt, souvent accompagné de faibles performances ? Certains enfants, mais ils sont rares, souffrent de dyscalculie : un trouble d'apprentissage qui se manifeste dès la maternelle par une grande difficulté à compter et à manipuler les nombres. La dyscalculie nécessite une prise en charge par un orthophoniste, qui aide les enfants à surmonter les troubles sous-jacents et, quand c'est impossible, leur donne des stratégies pour contourner leurs difficultés.

Les autres enfants, plus nombreux, sont mal à l'aise avec les abstractions. L'apprentissage des mathématiques implique un développement cognitif qu'ils n'ont peut-être pas atteint : ils ne savent pas encore distinguer leur droite de leur gauche, le dessus du dessous, ils n'ont pas assimilé le principe des séries, ni compris qu'on n'additionne pas des minutes et des secondes… Ou, alors, ils ne voient pas l'intérêt de s'investir dans une discipline aussi déconnectée de la réalité.

Le problème, c'est que l'on détecte souvent très tard leurs difficultés, au contraire des enfants qui peinent en lecture. Or, en mathématiques, toute nouvelle connaissance s'appuie sur la précédente : si on n'a pas assimilé A, on ne peut pas comprendre B. Ce n'est pas comme en histoire, où les chapitres sont indépendants les uns des autres. Il faut donc se montrer très vigilant pour éviter que votre enfant ne décroche complètement.

Pour cela, veillez à bien l'encadrer dans son travail, en respectant les méthodes de son enseignant : elles ont peut-être changé depuis votre époque. N'hésitez pas, pour compléter son cours, à investir dans un cédérom éducatif, comme ADI ou Lapin Malin : il en existe plusieurs, qui proposent des exercices de maths très attractifs. Pensez aussi à manipuler les maths de manière ludique, en jouant avec lui à des jeux de société,

comme les 1 000 Bornes, le Mastermind ou le Rummikub des chiffres, des jeux de construction, comme le Kapla. Pensez enfin à utiliser les maths dans la vie quotidienne, pour leur donner tout leur sens: apprenez-lui à lire l'heure et à mesurer le temps qui passe; demandez-lui de calculer, à l'aide d'une carte routière, les kilomètres qui vous séparent de votre lieu de vacances; suggérez-lui de faire des crêpes pour douze personnes, alors que la recette est pour six...
Enfin, si vous détestez vous-même les maths, évitez de lui transmettre votre aversion: déléguez plutôt ses devoirs à un étudiant ou à un lycéen scientifique qui saura lui communiquer sa passion. Il suffit d'un déclic, parfois, pour remettre un enfant sur des rails.

Il lit très mal: est-il dyslexique?

De nombreux enfants, 5 à 8% selon les critères des spécialistes, souffrent de dyslexie. Ce trouble d'apprentissage de la lecture, généralement associé à une dysorthographie, touche davantage les garçons qui semblent être deux fois plus atteints que les filles. Il se manifeste, entre autres, par des substitutions de lettres qui se ressemblent (*d* et *b*) ou dont le son est très proche (*f* et *v*), des inversions de lettres ou de mots, un rythme de lecture qui ne permet pas l'accès au sens d'une phrase. Inutile cependant de vous alarmer si votre enfant commet parfois certaines de ces erreurs en CP : tous les enfants qui apprennent à lire les font de temps à autre. Si en revanche elles persistent en quantité en fin de CP ou en CE1, mieux vaut faire établir un bilan par un orthophoniste. Surtout si dans votre famille quelqu'un a déjà présenté ce trouble : il semblerait en effet que la dyslexie ait une origine génétique.

Après avoir éliminé les problèmes de maturité, de lenteur, de motivation, d'attention ou un déficit global, l'orthophoniste envisagera une rééducation appropriée : de une à trois séances par semaine, selon la gravité des symptômes. Plus la dyslexie est prise en charge tôt, plus elle a de chances d'être surmontée : l'enfant apprendra malgré tout à lire, même si dans la plupart des cas, certaines difficultés persistent.

N'oublions pas non plus les troubles de la parole (zozotement, chuintement...), ou encore le bégaiement : même les plus bénins sont à prendre avec sérieux, car ils génèrent une certaine souffrance. Un enfant qui bégaie n'ose pas prendre la parole en classe par peur des moqueries, il a honte de lire un texte devant ses camarades et, de ce fait, reste replié sur lui-même. Ce comportement ne favorise ni les apprentissages ni les relations avec les autres. C'est pourquoi il est indispensable, là aussi, de consulter rapidement un orthophoniste.

Il a du mal à comprendre

Votre enfant a parfois du mal à comprendre les consignes d'un travail écrit, il se sent perdu dès que son enseignant démarre une nouvelle leçon, il peine à saisir des opérations complexes, comme la division à deux chiffres... Bref, vous vous inquiétez sur ses capacités de compréhension, sur son intelligence peut-être...

Vous avez raison de vous inquiéter. Pas parce que votre enfant est déficient, mais parce prendre conscience de ses difficultés, c'est déjà l'aider à les résoudre. Là encore, tout est question de méthode.

Nicole Delvolvé, docteur en psychologie, distingue quatre phases dans la compréhension :

• **Comprendre, c'est tout d'abord repérer l'essentiel** dans une information donnée, ne pas se perdre dans des détails inutiles, bref, hiérarchiser. Un enfant peut s'y entraîner en résumant à haute voix un texte qu'il vient de lire, un film qu'il vient de voir, en repérant les éléments significatifs d'un paysage qu'il traverse en voiture.

• **Comprendre, c'est également établir des liens** entre des connaissances antérieures et nouvelles, entre des savoirs scolaires et extrascolaires. Un mot n'a de sens qu'une fois inséré dans un texte, et ce texte n'a de sens qu'une fois inséré dans son contexte. En tant qu'adulte, vous pouvez l'aider à mettre en perspective les connaissances qu'il acquiert en classe, en lui apprenant par exemple à regarder, avec un esprit critique, l'actualité télévisée ou la publicité, en l'incitant à mettre en pratique ses cours d'instruction civique.

• **Comprendre, c'est aussi connaître son propre fonctionnement** – «Je comprends mieux quand il y a des images ou quand il y a un résumé» –, c'est prendre conscience de ses points forts et de ses points faibles, accepter de se tromper, rebondir sur ses erreurs. Il est très difficile pour un enfant de découvrir comment il fonctionne, c'est pourquoi les parents ont un grand rôle à jouer en ce domaine.

• **Comprendre, c'est enfin savoir exploiter ses connaissances** dans un contexte précis: résoudre un problème de maths après avoir choisi le bon théorème, réussir une dictée après avoir assimilé syntaxe et orthographe d'usage. Dans la vie de tous les jours, il est aisé d'apprendre à nos enfants à utiliser leurs connaissances: jouer au Trivial Pursuit, faire des mots croisés, calculer le nombre de pots de peinture nécessaires pour repeindre leur chambre...

Si votre enfant ne comprend pas son cours, enfin, c'est peut-être parce qu'il ne fonctionne pas de la même manière que son enseignant : son maître parle beaucoup mais écrit peu au tableau, or votre enfant est plutôt visuel, son maître est un déductif qui adore les démonstrations, or votre enfant est plutôt inductif, il préfère les expériences, les comparaisons... Autrement dit, ce n'est pas le message qui pose problème, mais la manière dont il est transmis. Maître et élève ne sont pas sur la même longueur d'onde.
Sur ce point, il vous est bien sûr difficile de modifier quoi que ce soit. Les enseignants apprécient peu, à juste titre, que les parents d'élèves interviennent sur leur pédagogie. Au moment des devoirs, en revanche, vous pouvez revenir sur le cours en tenant compte du fonctionnement de votre enfant. Transcrire sa leçon en schéma par exemple, s'il la comprend mieux ainsi. Jusqu'à ce qu'il soit capable de le faire spontanément lui-même.

Il est en échec scolaire

Parfois, les difficultés scolaires rencontrées par un élève perdurent : elles n'ont pas été prises au sérieux ni décelées à temps, il n'a pas trouvé en lui et autour de lui la force de les surmonter. S'installe alors peu à peu une situation d'échec scolaire qui le stigmatise aux yeux des autres, et dont il souffre terriblement. Il se met à détester l'école où il a l'impression de ne plus trouver sa place.

Que faire, si votre enfant en est arrivé là ? Rencontrer au plus vite son maître avec lui, pour diagnostiquer l'ampleur et l'origine du problème, mettre au point des solutions adaptées et fixer ensemble des objectifs. Il ne s'agit pas d'accabler votre enfant en le traitant d'incapable, ni de fustiger l'enseignant en mettant en cause ses méthodes. Il ne s'agit pas non plus de vous culpabiliser mais de travailler en concertation pour le bien de votre enfant.

Cette rencontre est déjà en elle une étape importante. Elle manifeste, aux yeux de votre enfant, votre intérêt et celui de son maître pour son avenir. S'ils croient en moi, se dira-t-il, c'est que je peux y arriver.

Mais l'école et la famille ne communiquent pas toujours facilement. Les parents, qui vivent mal l'échec de leur enfant, ont parfois tendance à remettre en cause le travail de l'enseignant. À l'inverse, ce dernier reproche souvent aux parents de faillir à leur devoir éducatif. La présence d'une tierce personne neutre, en l'occurrence un psychologue scolaire, peut alors être bénéfique pour dédramatiser le débat, faire en sorte qu'il progresse et aboutisse à des propositions concrètes.

Ces propositions, quelles sont-elles? Cela dépend bien sûr du profil de l'élève. S'il s'agit de simples difficultés d'apprentissage, un maître d'adaptation ou maître E fera parfaitement l'affaire. Voire, si les problèmes sont plus ponctuels, un PPAP (projet personnalisé d'aide et de progrès) mis en place avec son propre instituteur. Si l'enfant présente des troubles de l'attention ou s'il se montre agité, mieux vaut qu'il rencontre dans un premier temps un rééducateur ou maître G, puis un maître E.

Si en revanche votre enfant présente un gros retard d'apprentissage et qu'il ne peut plus suivre dans une classe normale, il faut peut-être envisager une CLIS (classe d'intégration spéciale) où il pourra apprendre à son rythme. Votre rôle alors consistera à accompagner cette décision pour qu'il la vive le mieux possible.

Les difficultés plus spécifiques, telles que la dyslexie, la dysorthographie ou la dyscalculie relèvent incontestablement de l'orthophonie.

Enfin si votre enfant présente de graves troubles du comportement: hyperactivité, violence, ou au contraire inhibition, manque d'estime personnelle, il serait bon qu'il rencontre un psychologue ou un pédopsychiatre, au CMP* ou au CMPP**, pour l'aider à surmonter ses difficultés personnelles et créer ainsi les conditions de sa réussite scolaire.

Doit-il redoubler ?

C'est la grande question, qui oppose tous les enseignants et tous les psychologues. Le projet de loi François Fillon a tranché, en autorisant le redoublement dans toutes les classes de primaire, indépendamment du cycle. Mais il est loin de faire l'unanimité. Une récente étude de l'IREDU (Institut de recherches sur l'éducation) montre qu'à faible niveau égal, les élèves de CP qui passent tout de même en CE1 réussissent mieux que ceux qui ont redoublé.
Pourtant, la plupart des enseignants continuent de défendre le redoublement. Leurs arguments ? Le redoublement est profitable, selon eux, si l'élève n'a pas assimilé les bases nécessaires pour acquérir de nouvelles

* Centre médico-psychologique.
** Centre médico-psychopédagogique.

connaissances. Il est même indispensable pour éviter qu'il ne décroche complètement. L'enfant, plus à l'aise que l'an passé dans ses apprentissages, devrait même grâce à lui acquérir une meilleure image de lui-même. Mais pour qu'un redoublement soit ainsi bénéfique, il est impératif qu'il soit bien vécu par l'élève. Plusieurs conditions doivent être réunies pour cela : la décision doit lui être présentée de manière positive, comme une deuxième chance et non comme une punition, ses parents doivent l'accepter et ne pas en rajouter dans leurs critiques, l'enseignant et les autres élèves doivent se montrer bienveillants avec lui.

Toutes ces conditions sont hélas rarement réunies. Et bien souvent l'enfant vit son redoublement comme un échec humiliant, qui entame son estime personnelle et génère parfois un blocage vis-à-vis de l'école. L'idéal bien sûr serait qu'un élève en difficulté puisse toujours passer en classe supérieure, pour ne pas perdre ses copains. Mais qu'il soit suivi parallèlement par les enseignants du RASED pour une remise à niveau. Le problème, c'est que les réseaux manquent de moyens et d'effectifs, et ne peuvent prendre en charge tous les enfants qui en ont besoin. Alors, le redoublement reste un outil pédagogique, ni meilleur ni pire qu'un autre. Qu'est-ce qu'une année à l'échelle d'une vie ?

L'essentiel

- L'apprentissage d'une leçon commence en classe. Mais il ne suffit pas d'écouter passivement une leçon, il faut se l'approprier, c'est-à-dire créer des images visuelles et auditives personnelles à partir de ce cours.

- L'émotion facilite la mémorisation : on retient mieux ce que l'on aime. Mais elle peut perturber la restitution. Pour surmonter sa peur, il faut se projeter dans l'avenir au moment où l'on apprend une leçon : s'imaginer en train de la réciter.

- On retient mieux ce que l'on comprend, et pour comprendre, il faut avoir assimilé, donc mémorisé les connaissances antérieures.

- Les difficultés scolaires se surmontent à trois. Parents, enseignant et élève doivent travailler en concertation.

Chapitre 4
Il manque de confiance en lui

L'école est un lieu de communication où l'on s'expose au jugement des autres, un lieu d'apprentissage où l'on prend le risque de se tromper. C'est pourquoi les enfants qui manquent de confiance en eux n'y sont pas très à l'aise.

Il n'ose pas s'exprimer à l'oral

Certains enfants réussissent très bien à l'écrit, mais perdent tous leurs moyens à l'oral. Sitôt interrogés, ils se mettent à rougir, à bafouiller, parlent d'une toute petite voix. Ce comportement n'a rien à voir avec leurs compétences, il exprime plutôt une grande timidité, plus précisément une anxiété de performance, bref il est dû au trac ! L'élève connaît la réponse, mais tous ces

yeux braqués sur lui le paralysent. Il a peur de dire une bêtise et que tout le monde se moque de lui, parfois même son trouble l'empêche de retrouver ses mots.
De nombreuses personnes souffrent du trac, environ 30% en France. Le mot «souffrir» n'a ici rien d'exagéré car les symptômes de cette anxiété sont très visibles: rougissements, tremblements, voix qui s'étrangle... Si c'est le cas de votre enfant, il risque d'être malheureux à l'école, où l'on juge les élèves sur leurs performances écrites mais aussi orales. Il lui faut donc apprendre très vite à surmonter ce handicap.
Pour cela, il doit affronter sa timidité plutôt que de la fuir, sinon elle ne fera que s'amplifier. Lever le doigt pour répondre aux questions du maître, proposer de réciter une poésie ou de faire un exposé... À la maison, incitez-le à prendre la parole plus souvent, demandez-lui son point de vue sur un sujet qui le touche, une question d'actualité, obligez-le à justifier sa réponse, et faites taire les aînés qui voudraient répondre à sa place ou se moqueraient de ses réponses. Envoyez-le acheter le pain ou le journal, pour qu'il s'habitue à parler avec des adultes.
Toutes ces situations sont bien sûr éloignées d'une interrogation en classe, mais elles ont le mérite de lui apprendre à s'exprimer, à formuler des idées, à s'affirmer. C'est déjà beaucoup. Dans un deuxième temps,

rappelez-lui qu'il est en situation d'apprentissage à l'école, et qu'il est donc normal de ne pas tout savoir, de faire des erreurs. Sinon, il n'aurait pas besoin d'y aller! Il n'y a aucune honte à se tromper, lorsqu'on répond à la maîtresse, et encore moins à demander des précisions, lorsqu'on n'est pas sûr d'avoir compris. Peu importe si les voisins se moquent: elle les remettra à leur place très vite. D'autant que ceux qui ricanent ne sont pas forcément les meilleurs... La meilleure manière de se protéger du rire des autres consiste d'ailleurs à rire soi-même de ses erreurs, à prendre du recul: ce sont elles qui sont stupides, pas nous.

Certains élèves, contrairement aux timides, prennent la parole à tort et à travers. En apparence, ils ont l'air sûrs d'eux, lèvent le doigt à chaque question, mais une fois interrogés, réalisent qu'ils ne connaissent pas la réponse. Ces enfants, qui manquent également de confiance en eux, souhaitent tout simplement attirer l'attention sur eux. Ils ont besoin d'être rassurés. Si c'est le cas du vôtre, précisez-lui qu'il n'a pas besoin de parler sans cesse pour que l'on pense à lui, surtout en classe! Apprenez-lui également à respecter les règles du dialogue: à intervenir dans une discussion de manière pertinente, sans interrompre son interlocuteur, sans changer de sujet de conversation non plus.

Et surtout, vérifiez qu'il apprenne régulièrement ses leçons. Car il ne suffit pas d'oser prendre la parole en classe, encore faut-il savoir quoi dire !

Il panique et rate ses contrôles

Certains élèves, attentifs en cours et studieux à la maison, ont toutes les qualités pour réussir. Ils connaissent leurs leçons sur le bout des doigts, les ont appliquées avec succès dans des exercices, et pourtant paniquent dès qu'ils se retrouvent en situation d'évaluation. La consigne leur paraît tout à coup obscure, leur mémoire défaille, ils bloquent sur une difficulté mineure, hésitent entre deux réponses, se persuadent qu'ils n'ont pas le temps et regardent avec angoisse les copains gratter leur copie.
Cette attitude est la preuve manifeste d'un manque de confiance personnelle. Avoir confiance en soi, expliquent les psychiatres Christophe André et François Lelord, c'est se sentir capable de réussir ce que l'on entreprend : ses études, un match de tennis, un morceau de musique... C'est se dire « J'y arriverai » quand une difficulté imprévue se profile. La confiance en soi s'applique à nos actes, mais elle dépend de l'image que l'on a de soi et de l'amour que l'on se porte. Un

enfant qui a une image positive de lui-même a davantage confiance dans ses capacités, il se projette plus facilement en situation de réussite. À l'inverse, un enfant qui a une image négative de lui-même a tendance à baisser les bras à la première difficulté et à se dire « C'est trop dur, je n'y arriverai pas ».
Les enfants qui ont connu de nombreux échecs à l'école, sans être soutenus par leurs enseignants, manquent toujours de confiance en eux. Ils se croient incapables de réussir quoi que ce soit, ce qui explique que les redoublements soient parfois complètement inutiles pour eux. La première chose à faire consiste à les aider à retrouver leur confiance perdue, avant même de les remettre au niveau. Pour cela, on peut par exemple leur suggérer de refaire un contrôle raté, en mettant à leur disposition leur livre ou leur cahier, puisque leur problème n'est pas lié à l'apprentissage.
Quant aux autres, ceux qui ont tout pour réussir, pourquoi manquent-ils donc à ce point de confiance personnelle ? Leur maîtresse serait-elle trop exigeante, trop humiliante avec les plus faibles ? Peut-être, mais il est rare que dans une scolarité, on tombe tous les ans sur un tel phénomène ! Le plus souvent, c'est l'attitude des parents qui génère ce type d'anxiété : ceux qui ont une attente énorme vis-à-vis de l'école se montrent

très regardants sur les résultats, au point de ne jamais se satisfaire d'une bonne note (« Tu as eu 16, pourquoi pas 18 ? »). Leurs enfants ont peur de ne pas être à la hauteur, de les décevoir, et de ce fait perdent effectivement leurs moyens.

Sans encourager la paresse et la médiocrité, les parents doivent éviter ce comportement, d'autant qu'il contribue à créer chez leurs enfants une image négative d'eux-mêmes : ils n'ont pas réussi à plaire à leurs parents, comment pourraient-ils se plaire à eux-mêmes ? Et, cette image, ils risquent d'en souffrir toute leur vie.

Les parents, pour contribuer à la confiance personnelle de leur enfant, doivent au contraire l'encourager dans ses efforts, le féliciter pour ses progrès, accepter qu'il ne soit pas premier de la classe, même si eux-mêmes l'étaient en leur temps. Et s'il arrive à leur fils ou à leur fille d'échouer à un contrôle, ne pas en faire un drame ni le traiter d'incapable, mais s'intéresser de plus près à sa copie pour repérer ce qui n'a pas été compris, et tout mettre en œuvre pour que la prochaine évaluation soit réussie.

Si malgré cette attitude bienveillante et constructive, votre enfant continue de douter de ses capacités, inscrivez-le à une activité sportive ou culturelle, peu importe laquelle, l'essentiel étant qu'il s'y montre performant. Le sport est une excellente école de confiance en soi, qui a l'avantage de se situer sur un terrain ludique. On y apprend à se perfectionner dans une discipline, avec des périodes de progrès et de stagnation, on y valorise ses apprentissages en se mesurant aux autres, lors des matchs ou des compétitions. On y découvre qu'on peut perdre, sans s'énerver ni se sentir humilié, et que dans une victoire le mental compte autant que la technique. Toutes ces qualités se retrouvent avec la musique, le théâtre ou les arts plastiques, avec une dimension créative en plus.

Il se trouve nul

Tous les enfants subissent la pression de l'école, mais certains la supportent moins que les autres, parce qu'ils manquent d'estime personnelle. Selon les psychiatres Christophe André et François Lelord, l'estime de soi repose sur trois piliers: l'amour de soi, qui consiste à s'accepter tel que l'on est, avec nos points forts et nos faiblesses, la vision de soi, qui dépend en grande partie de celle que nous renvoient nos parents, et la confiance en soi, qui s'applique à nos actes. Les trois sont bien sûr très liés. Pourquoi certains

enfants manquent-ils, dès le primaire, d'estime personnelle? Les raisons, d'ordre affectif et éducatif, remontent souvent aux premières années de leur vie.
Pour qu'un enfant s'aime, il faut qu'il soit aimé par ses parents de manière inconditionnelle, avec ses défauts et ses qualités: «Je te gronde, parce que tu as fait une bêtise, mais cela ne signifie pas que je ne t'aime plus.»
Pour qu'un enfant ait une vision positive de lui-même, il faut que ses parents lui renvoient une image positive de lui-même et ne l'accablent pas systématiquement de reproches. Pour qu'un enfant ait confiance en lui, enfin, il faut que ses parents l'aient encouragé dans ses apprentissages premiers (marche, langage, propreté...), le félicitent pour ses prouesses en dessin ou en vélo, l'incitent à prendre des risques, à entreprendre des tâches délicates.
Si ces trois conditions (amour de soi, vision positive de soi, confiance en soi) sont réunies, l'enfant devrait à priori développer une bonne estime personnelle, qui lui permettra d'affronter sans crainte de nouveaux apprentissages, de lier de nouvelles amitiés, mais aussi de résister aux coups durs.
Tous les enfants connaissent au cours de leur scolarité de petits ou de gros incidents de parcours: s'ils sautent une classe par exemple et se retrouvent en queue de

peloton, s'ils déménagent et perdent leurs copains, si leurs parents décident de se séparer... Les enfants qui ont une bonne estime de soi résistent mieux que les autres à ces «intempéries». Mais ils ont, comme les autres, besoin d'être rassurés sur leurs compétences, surtout si leurs notes fléchissent. Ils ont aussi besoin d'être sûrs de l'amour que leur portent leurs parents. C'est le moment où jamais de leur rappeler que vous leur faites confiance pour redresser la barre, et de leur donner un coup de main, sans dramatiser ce passage à vide.

Ai-je confiance en lui ? Ai-je confiance en moi ?

L'enfant qui manque d'estime personnelle a souvent des parents trop exigeants, qui le dévalorisent systématiquement, placent la barre trop haut, le voudraient parfait en quelque sorte, pour flatter leur narcissisme. Ou au contraire, des parents qui ne s'intéressent pas à sa scolarité, comme si sa réussite ne comptait pas à leurs yeux. C'est le cas parfois dans certaines familles qui investissent moins les petites filles que les petits garçons. Faire preuve d'intérêt sans lui mettre la pression : telle est l'attitude idéale que devraient adopter tous les parents vis-à-vis de l'école. Encore faut-il qu'ils soient stables eux-

mêmes sur le plan affectif. Quand les parents manquent de confiance en eux et dans l'avenir, que la vie les malmène, sur le plan professionnel ou affectif, il y a fort à parier que cette inquiétude rejaillisse sur leur enfant. Un enfant a besoin de s'appuyer sur du solide pour grandir, s'affirmer, réussir à l'école. Si ses parents se disputent sans cesse, si son père traverse une longue période de chômage et déprime, si sa mère tombe malade, l'enfant ne peut pas être disponible pour ses apprentissages.
Nous devons veiller à ce que notre vie personnelle ne rejaillisse pas trop sur celle de nos enfants, éviter en particulier de nous disputer devant eux. Nous pouvons également mettre à profit notre chômage ou notre maladie pour passer plus de temps avec eux. Et surtout leur rappeler qu'ils ne sont en rien responsables de nos problèmes d'adultes.

Il est complexé par rapport à son frère ou à sa sœur

Certains enfants obtiennent des résultats tout à fait honorables à l'école, ce qui ne les empêche pas de se trouver insignifiants. Ils ont la malchance d'avoir un frère ou une sœur plus brillant qu'eux, qui caracole en tête

de classe depuis toujours ou réussit sans trop forcer, alors qu'eux-mêmes peinent des heures à leur bureau. Ils développent alors un complexe d'infériorité qui peut entamer sérieusement leur confiance en eux.
Les parents doivent lutter contre ce sentiment. En évitant bien sûr de trop valoriser le frère ou la sœur dans leurs conversations, même si cette réussite est gratifiante pour eux, en s'interdisant de le citer en exemple à celui qui peine, ce qui ne peut que susciter de la jalousie. En valorisant enfin ce dernier dans des domaines où il excelle. Il existe de multiples formes d'intelligence, qui ne sont ni enseignées ni évaluées par l'école et n'en sont pas moins admirables et utiles dans la vie, y compris professionnelle : celles qui font appel à la créativité, par exemple, à l'esprit pratique ou à l'aisance relationnelle. Pourquoi privilégier une forme d'intelligence plutôt qu'une autre ? L'essentiel est que votre enfant devienne lui-même, indépendamment de tout à priori culturel.
D'autres enfants complexent vis-à-vis de leurs parents, quand ces derniers ont fait des études brillantes. Ils ont peur de ne pas être dignes d'eux et cela les paralyse. Ou à l'inverse, ils craignent de les blesser, si ces derniers ont arrêté très tôt leur scolarité, et s'interdisent, inconsciemment, de les dépasser. Il faut aider votre enfant à lutter contre ces sentiments parasites : c'est son avenir

qu'il joue, pas le vôtre. Il n'a pas à reproduire votre parcours, ni à réaliser le rêve que vous n'avez pas accompli, encore moins à se brider pour rester dans votre ombre. Il doit chercher sa propre voie, celle dans laquelle il sera le plus heureux, et une fois qu'il l'aura trouvée, aller aussi loin que possible.

Il a peur de la sixième

Le CM2 marque une étape importante dans la scolarité d'un enfant. C'est la dernière année de l'enseignement primaire, il a désormais ses repères dans l'établissement, connaît tous les élèves et tous les enseignants, et comme il fait partie des plus âgés, il a pris de l'assurance. Trop pour certains peut-être, pas assez pour d'autres encore. En CM2, maîtres et parents ont un peu trop tendance à rabâcher sur le collège, en termes inquiétants parfois: « L'année prochaine, leur dit-on, vous aurez plusieurs profs, il faudra vous organiser dans votre travail, car vous ne les verrez pas tous les jours, ils seront plus exigeants, et si vous ne travaillez pas cette année, vous serez perdus. » Bref, ils leur tiennent un discours un peu anxiogène, qui a de quoi inquiéter les plus craintifs. Notamment ceux qui ont déjà mal vécu leur

entrée en maternelle puis en primaire, et qui redoutent cette nouvelle séparation.
Par ailleurs, l'année de CM2 coïncide pour certains avec le tout début de la puberté. L'enfant préadolescent constate que son corps se modifie, il ressent en lui des pulsions qu'il ne contrôle pas, ses copains prennent de plus en plus d'importance dans sa vie, il commence à contester ses parents et ses maîtres, change peu à peu de statut : bref, tout ce qui constituait son enfance vacille pour un avenir encore inconnu, et cela l'inquiète confusément. Ce qui explique qu'à 10 ans les élèves manquent parfois de confiance en eux, même si cela se traduit paradoxalement par un excès apparent d'assurance, des violences verbales ou physiques, des frictions avec le corps enseignant.
Votre rôle à vous, parents, consiste bien sûr à canaliser ces « débordements », à lâcher un peu de lest, en responsabilisant votre enfant, tout en maintenant des interdits. Évitez également de tenir au sujet de la sixième un discours anxiogène et stérile. À chaque année suffit sa peine. Nul doute que dans un an votre fils ou votre fille sera prêt à affronter le collège, ses règles, son contenu pédagogique. Laissez-le profiter en paix de cette dernière année de primaire, et s'ouvrir à l'amitié.

L'essentiel

- Pour vaincre sa timidité, un enfant doit l'affronter et se forcer à prendre la parole en classe, même s'il n'est pas sûr de sa réponse.

- Une trop grande exigence des parents génère souvent un manque de confiance chez l'enfant, qui a peur de ne pas être à la hauteur.

- L'estime personnelle s'appuie sur l'amour que l'on se porte, la vision (positive ou négative) que l'on a de soi, et la confiance en soi. Tous ces sentiments dépendent en grande partie de notre éducation et de l'amour que nos parents nous ont porté.

- Évitons de comparer entre eux des enfants dont les aptitudes sont nécessairement différentes. D'autant qu'il existe plusieurs formes d'intelligence. Seules les intelligences verbale et logique sont stimulées par l'école, au détriment des autres formes d'intelligence : celles qui font appel à la créativité, à l'esprit pratique, aux relations humaines, à la connaissance de soi.

Chapitre 5
Il se comporte mal

Les enfants qui n'aiment pas l'école sont parfois très agités en classe, insolents avec la maîtresse, voire agressifs envers les élèves. Pour y remédier, il faut rechercher les causes de ce comportement : sont-elles liées à l'école, à la personnalité de l'enfant, à sa famille ?

Il est très agité

Un certain nombre d'enfants, des garçons pour la plupart, ont du mal à tenir en place : ils se lèvent sans arrêt, font racler leur chaise sur le sol, balancent leurs jambes sous la table, jouent avec leurs stylos, qu'ils ne manquent pas de faire tomber… Cette agitation incessante agace leur entourage, et ils ont vite fait de se mettre à dos tout le monde : la maîtresse pour commencer, excédée par ces interruptions intempestives qui l'obligent à appliquer la discipline, et les copains de classe, qui aimeraient bien suivre la leçon sans être dérangés. Mais celui qui en souffre le plus, c'est l'enfant lui-même. Car cette instabilité physique l'empêche de se concentrer sur son travail, et diminue ses capacités d'apprentissage (voir *chapitre 3*).

D'où provient-elle ? À cette question, on peut apporter plusieurs réponses. Elle peut tout d'abord être liée à la situation d'apprentissage : le niveau du cours n'est pas adapté à celui de l'élève, il ne le comprend pas ou au contraire le trouve trop facile. Dans les deux cas, il s'ennuie et manifeste son manque d'intérêt par de l'agitation.

Cette instabilité peut aussi avoir des causes plus personnelles, liées à l'histoire de l'enfant, des causes affectives ou éducatives. Un enfant qui bouge de manière incessante est peut-être un inquiet qui ne trouve pas d'autre moyen d'exprimer son anxiété : ses parents se disputent tous les soirs, son père ne s'intéresse pas à lui, il n'a pas de copains à l'école… C'est peut-être un enfant qui n'a jamais appris chez lui à canaliser ses pulsions (rester assis pendant les repas, attendre son tour avant de parler…) et ses désirs, et qui peine à se plier aux contraintes de l'école. À l'inverse, c'est peut-être un enfant bridé par des parents inquiets ou autoritaires, qui n'a le droit de rien faire chez lui, et du coup « explose » à l'école.

L'agitation d'un enfant s'explique enfin parfois par le manque de sommeil : l'enfant a besoin de dormir pour apaiser ses tensions, et paradoxalement son excitation l'empêche de s'endormir. Les journées de classe interminables, rallongées par l'étude et la garderie, un emploi du temps surchargé en activités, un style de vie instable, avec des heures de coucher irrégulières et beaucoup de télé : tous ces facteurs ne favorisent pas le calme, surtout si les parents sont très « speed » eux-mêmes.

Si votre enfant se montre agité en classe, il faut s'attaquer en priorité aux raisons de cette agitation, et pour cela tenter de les analyser. Vous pouvez le faire seul bien sûr, ou avec l'aide de son enseignant, ce qui est plus efficace. Vous pouvez également demander les conseils d'un psychologue ou d'un pédopsychiatre : ils sont mieux habilités que nous à décrypter le comportement humain.

Si votre enfant présente en classe des troubles du comportement, son enseignant suggérera peut-être une prise en charge par un maître G ou un rééducateur au sein du réseau d'aide (RASED) de la commune. Il lui apprendra, par des jeux ou des exercices psychomoteurs (gymnastique, danse, relaxation) à contrôler ses pulsions, à se concentrer sur une tâche, à travailler à plusieurs en respectant les autres. Mais les réseaux, nous l'avons déjà dit, disposent de peu de moyens et ne peuvent suivre qu'un petit nombre d'enfants.

Si les causes sont extérieures à l'école, il vous sera plus facile d'y remédier, à condition peut-être de vous remettre un peu en question ! Votre éducation n'est-elle pas trop laxiste ou au contraire trop rigide ? Votre enfant a-t-il trouvé sa place au sein de votre famille, se sent-il aimé, respecté ? A-t-il des raisons objectives ou subjectives de s'inquiéter en ce moment ? Répondre à ces questions, et adapter votre comportement en fonction des réponses, constitue un grand pas vers une meilleure connaissance de votre enfant.

Mais cela ne suffit pas toujours. Certains enfants, bien dans leurs baskets, à l'aise à l'école et bien encadrés par leurs parents, débordent d'énergie tout simplement. Cela fatigue leur entourage et menace à terme leur scolarité. Que faire, si c'est le cas du vôtre ? Tout mettre en œuvre pour qu'il dépense et maîtrise ce trop-plein : faire du vélo ou du roller, aller à la piscine, l'inscrire au karaté ou au taekwondo, disciplines qui exigent une grande maîtrise de soi, à un cours de hip-hop ou de batterie, peu importe. Toute activité physique ou culturelle est profitable, à condition d'y trouver du plaisir, et de ne pas les multiplier.

Est-il hyperactif ?

L'agitation d'un enfant est parfois telle que ses parents se demandent avec inquiétude s'il n'est pas hyperactif. Cette inquiétude, le plus souvent, n'a pas de raison d'être. L'hyperactivité, qui est une véritable pathologie, a été très médiatisée ces dernières années. Psychiatres et psychologues ont ainsi vu débarquer dans leurs consultations de nombreux enfants certes turbulents, mais catalogués à tort comme hyperactifs par des parents qui ne les supportaient plus.

L'hyperactivité est un trouble du comportement, d'origine probablement neurologique, qui touche principalement les garçons (4 à 9 garçons pour 1 fille, selon les critères). Elle ne concerne que 3 à 5% d'une classe d'âge. Elle se définit par la conjonction de deux formes d'instabilité : une instabilité psychomotrice (agitation, impulsivité) et une instabilité psychique (troubles de l'attention, difficulté à se concentrer). Elle se caractérise également par le degré d'intensité de ces troubles, et leur permanence, indépendamment du milieu. Un enfant impulsif, mais capable de se concentrer sur un dessin, n'est pas hyperactif. De même, un enfant agité en classe et calme à la maison (ou le contraire) n'est pas hyperactif : il se comporte ainsi en réaction, à sa maîtresse ou à ses parents. L'hyperactivité enfin évolue souvent vers un trouble caractériel avec opposition : l'enfant s'oppose à tout ce qu'on lui propose et fait des crises de colère. Si vous craignez que votre enfant soit hyperactif, il faut impérativement rencontrer un pédopsychiatre ou un psychologue. Lui seul saura diagnostiquer cette maladie, grâce à des tests appropriés. Lui seul saura la soigner par une thérapie adaptée, associée ou non à des médicaments.

Il a du mal à se plier aux contraintes de l'école

La vie à l'école est organisée par des règles plutôt strictes en ce qui concerne les horaires. Il y a un temps de retrouvailles avec les copains puis avec l'enseignant, un temps de classe, où il est interdit de discuter avec ses voisins, des temps de récréation, où l'on peut laisser libre cours à son énergie et à son bavardage, un temps de cantine, enfin, où l'on n'a pas toujours l'autorisation de parler... Tous ces moments sont très découpés dans le temps et dans l'espace.
Certains enfants, qui ont reçu dans leur famille une éducation plutôt souple, ont du mal à s'y plier. À comprendre par exemple qu'en classe il faut lever le doigt

avant de s'exprimer. Chez eux, les repas donnent lieu à des discussions animées où tout le monde prend la parole en même temps, dans une joyeuse cacophonie. Pour faciliter l'adaptation de l'enfant à l'école, il faut qu'il y ait un minimum de cohérence entre les deux milieux. Ou qu'au moins on explique à nos enfants pourquoi les règles sont différentes entre l'école et la maison.

Il ne s'agit pas, bien sûr, d'imposer à notre enfant de lever la main avant de parler, mais de lui apprendre à ne pas interrompre les autres, à ne pas se lever de table à tout bout de champ pendant les repas. À l'inverse, prenons la peine de l'écouter lorsqu'il a quelque chose à dire, et veillons à ce qu'il s'exprime autant que ses aînés, même si ses sujets de conversation les font sourire ou bâiller d'ennui.

L'éducation à la vie en société commence à la maison, avec l'apprentissage de la politesse par exemple, qui n'est pas si anodine. Dire bonjour et merci, sourire, s'inquiéter des autres favorise les relations humaines. Cette éducation se poursuit et se concrétise à l'école, mais elle n'est efficace que si l'enfant a déjà intégré ces règles de base. Sinon, il y a fort à parier qu'il ne les comprenne pas, les rejette, et de ce fait se mette à dos ses enseignants et ses copains.

Il est insolent avec la maîtresse, agressif avec les élèves

Certains enfants sont au-delà de la politesse : ils se montrent insolents avec la maîtresse, crachent par terre, agressent les élèves, surtout les plus faibles... Bref, ils agissent comme des « hors-la-loi » : ils ne respectent ni les règles de la vie scolaire, ni les personnes.
Ces enfants, que l'on retrouve dans tous les milieux sociaux, sont en général très malheureux et expriment par la violence leur mal-être. Les raisons peuvent en être multiples. Ils sont en échec scolaire, et se sentent rejetés par le système. Ils sont complexés par leur taille ou leur poids, et cherchent à s'affirmer par tous les moyens. Leur père est absent, parti ou trop absorbé par son travail. Leur mère a refait sa vie avec un homme qu'ils détestent. En revanche, tous ces enfants ont pour point commun une absence de repères et de limites. Visiblement, leurs parents ne leur ont jamais expliqué qu'on ne se comportait pas ainsi, ou alors, pris dans la tourmente de leurs propres difficultés, financières ou affectives, ils ont renoncé. Il n'y a pourtant aucune honte à se sentir débordé par moments, au point de ne plus pouvoir assumer seul l'éducation de ses enfants. Plutôt que de rester replié sur soi, il faut au contraire oser demander

de l'aide : en parler avec l'enseignant, rencontrer une assistante sociale. Cette dernière est là pour vous aider à dénicher des aides financières (allocations de rentrée, aides au logement...). Elle peut aussi mettre en place, le temps de redresser la tête, un soutien éducatif. C'est ce qu'on appelle l'action éducative en milieu ouvert (AEMO).

L'essentiel

Un enfant agité en classe est souvent un enfant fatigué, qui manque de sommeil. C'est peut-être un enfant qui s'ennuie, parce que le niveau du cours ne lui est pas adapté, un inquiet, qui exprime ainsi son anxiété, ou un enfant qui n'a pas appris à contenir ses pulsions.

Agité n'est pas synonyme d'hyperactif. Un enfant hyperactif est un enfant instable sur les plans psychomoteur et psychique. Un enfant agité qui est capable de se concentrer dans certaines circonstances n'est pas hyperactif.

Il est plus difficile de se plier aux contraintes de l'école quand on n'en connaît pas chez soi.

Chapitre 6
Il n'aime pas sa maîtresse

Aimer ou ne pas aimer sa maîtresse est l'une des principales raisons pour lesquelles un enfant adore ou déteste aller à l'école. La relation affective avec l'enseignant est encore extrêmement forte en primaire, surtout dans les petites classes.

Il dit qu'elle ne l'aime pas

Les jeunes élèves, surtout en CP et en CE1, ont une relation affective très forte avec leur maîtresse. Symboliquement, elle représente pour eux une troisième figure parentale : ils attendent d'elle des marques d'attention et de protection, des compliments sur leur travail. Comme le ferait une institutrice de maternelle ou leur mère à la maison.

Mais en primaire, il est rare qu'une institutrice se comporte ainsi avec ses élèves. La distance est au contraire de mise, pour aider l'enfant à grandir et à devenir autonome. Certains en souffrent et s'imaginent à tort, parce que la maîtresse n'exprime pas visiblement sa satisfaction, qu'elle ne les aime pas.
Ce sentiment peut être douloureux, surtout pour un enfant qui ne trouve pas chez lui toute l'affection dont il aurait besoin, et de ce fait en attend plus encore de sa maîtresse. Il peut avoir aussi un effet négatif sur ses performances scolaires. Un élève apprend d'autant mieux qu'il apprécie son enseignant et se sent apprécié de lui. Par désir d'imitation, pour lui faire plaisir, et parce que les compliments renforcent son estime personnelle.
Si votre enfant se sent «mal aimé», apprenez-lui à faire la part des choses. Ce n'est pas parce que sa maîtresse se montre froide qu'elle ne l'aime pas ou n'apprécie pas son travail. Il n'est pas dans sa tête : comment peut-il le savoir ? Expliquez-lui enfin que le rôle d'un enseignant n'est pas d'aimer ses élèves, mais de leur apporter des connaissances (même si les meilleurs sont ceux qui aiment sincèrement les enfants). Quand il le gronde ou lui met une mauvaise note, il juge son comportement ou son travail, pas sa personne. Mais il n'est pas facile à cet âge de séparer l'affectif de l'éducatif.

Il dit qu'elle a des chouchous

Les enseignants sont des êtres humains comme les autres et, en tant que tels, ont leurs préférences. En théorie, ils ne sont pas censés les montrer, et doivent adopter la même attitude avec tous leurs élèves. En réalité, il est clair qu'un élève turbulent, qui perturbe sans cesse le cours ou à qui il faut tout expliquer dix fois, finit par irriter. Sa réputation, d'ailleurs, le précède lorsqu'il change de classe, et l'on ne se bouscule pas pour le récupérer ! À l'inverse, un élève curieux et vivant, qui participe sans mettre le chahut et comprend au quart de tour, attire davantage la sympathie : c'est tellement plus gratifiant de faire le cours à un élève qui vous écoute et vous comprend !

Les « chouchous » de la maîtresse, qui ne sont pas tous aussi antipathiques qu'Agnan, le héros du *Petit Nicolas*, ont toujours existé et existeront toujours. C'est inévitable : certains enfants nous attirent plus que d'autres, pourquoi en avoir honte, si l'on réussit à masquer ses sentiments ?

Que faire, si votre enfant se plaint de l'injustice de la maîtresse ? Votre marge de manœuvre est assez réduite, en fait. Vous pouvez le consoler, en lui précisant que le sort des « chouchous » n'est pas forcément enviable aux yeux des copains. Lui conseiller la patience : il aura peut-être plus d'affinités l'an prochain avec sa nouvelle institutrice. Amenez-le aussi à s'interroger sur son comportement en classe : comment se fait-il qu'il ne soit pas un chouchou, que faudrait-il faire pour qu'il le devienne ? Et suggérez-lui de bavarder un peu moins, de travailler un peu plus... Nul doute que son enseignant lui en saura gré. Et si ce changement d'attitude passe inaperçu, il n'aura pas perdu son temps.

Elle ne l'aime pas

Et si sa maîtresse ne l'aimait pas vraiment, et le brimait pour un oui ou pour un non ? C'est assez rare, mais possible. Il faudrait en ce cas lui rendre visite seul, pour tenter de clarifier la situation, une entreprise plutôt délicate. Il ne s'agit pas de l'agresser bille en tête, après tout c'est sa parole contre celle de votre enfant, mais au moins de soulever le problème : votre enfant vit mal les choses et vous aimeriez bien savoir comment cela se passe en réalité.
Si vous vous y prenez avec doigté, sans culpabiliser ni menacer l'enseignant, si vous reconnaissez que votre enfant doit lui aussi faire des efforts, il y a fort à parier que cette rencontre débloque la situation.
La qualité des relations entre un élève et une maîtresse dépend beaucoup de la qualité des relations entre ses

parents et elle. C'est pourquoi il est bon que les parents s'investissent et la rencontrent le plus souvent possible. Seuls les cas extrêmes nécessitent une entrevue avec le directeur ou la directrice : contrairement aux cas de maltraitance avérée, nous sommes ici dans le subjectif.

Il dit qu'elle est trop sévère

« Ma maîtresse crie tout le temps. Elle nous punit quand on bavarde, et nous empêche d'aller en récréation. Elle nous fait réécrire dix fois un mot quand on s'est trompés. » De nombreux enfants se plaignent que leur maître ou leur maîtresse soit trop sévère. Cette critique est-elle justifiée ? La notion de sévérité a évolué avec le temps et le seuil de tolérance des enfants a sans doute diminué, car ils ne reçoivent plus la même éducation chez eux. Nos maîtres étaient probablement plus exigeants que les leurs, mais nous n'osions pas nous en plaindre et ne remettions pas en cause leur autorité.
Inutile cependant d'engager avec notre enfant un débat stérile sur les bons côtés de l'école d'antan : il n'y sera pas sensible. Prenons le temps en revanche d'écouter ses plaintes, même si elles ne nous paraissent pas fondées. Elles le sont pour lui, c'est l'essentiel : nul

doute que pour lui sa maîtresse est vraiment sévère, qu'il ressent ses cris comme une agression, ses réprimandes comme une injustice. Le rôle des parents n'est pas de se moquer ou d'enfoncer davantage leur enfant, ni de contredire la maîtresse d'ailleurs, mais d'entendre, de temporiser, d'aider à comprendre.
Expliquons-lui pour commencer que sa maîtresse n'est pas une amie: son rôle consiste à lui enseigner des savoirs, elle a besoin de calme pour cela, tout comme il en a besoin pour se concentrer. Si les élèves ne cessent de bavarder, il est normal et nécessaire qu'elle applique la discipline: cela fait partie du fonctionnement de l'école, sa réussite scolaire en dépend. Il y a un temps pour bavarder et jouer, et un temps pour travailler. Une salle de classe n'est pas une cour de récréation.
Et puis les enseignants sont aussi des êtres humains. Notre enfant doit comprendre qu'au bout de deux ou trois injonctions inutiles, sa maîtresse finisse par s'énerver et distribue des punitions. Certes, le seuil de tolérance des enseignants varie d'un individu à l'autre, il varie également selon l'heure de la journée et son humeur. Il serait bon qu'il adapte son comportement selon ces critères, avant que la situation ne devienne explosive.

Il dit qu'elle crie trop

« J'aime pas quand la maîtresse crie. Ça me fait peur. » La plupart des enfants supportent très mal les cris, surtout les plus jeunes. Ils ont encore une relation affective très forte avec leur maîtresse, héritée de la maternelle. Pour eux, le monde se partage entre les bons et les méchants, et quand la maîtresse s'emporte, ils en déduisent qu'elle est « méchante ». Alors qu'en réalité, ces cris manifestent plutôt une faiblesse : la maîtresse n'a pas réussi à obtenir le silence autrement.

Là encore, rappelez-lui le rôle de son enseignant, l'importance du silence pour créer les conditions idéales de travail. Précisez-lui qu'il n'a pas été puni parce qu'elle ne l'aime pas, mais parce qu'il a bavardé ou désobéi. Ce n'est pas sa personne qui est visée, mais son comportement. L'estime de soi est encore très fragile chez un enfant, car elle n'a pas fini de se construire. Chaque échec, chaque réprimande peut engendrer un intense moment de découragement. À l'inverse, il ressent les succès et les compliments comme une bouffée d'euphorie. Plus un enfant acquiert de l'expérience, plus il prend du recul par rapport aux réactions de son enseignant. Mais en primaire il n'a pas encore les clés pour comprendre.

L'avantage, avec une maîtresse sévère, c'est que tous les élèves, en général, sont logés à la même enseigne : aujourd'hui, c'est lui qui a été puni, hier c'était son copain. Ce qui crée une grande solidarité au sein de la classe.

Il arrive, c'est heureusement très rare, qu'un instituteur se montre exagérément dur avec sa classe, ou pire : qu'il prenne pour tête de Turc l'un de ses élèves. Le dernier rapport de la défenseure des enfants, Claire Brisset, présenté à Jacques Chirac en novembre 2004, témoigne d'une augmentation très nette des plaintes à ce sujet. Il y a les enfants à qui l'on scotche la bouche quand ils parlent trop, ceux que l'on met dehors sous la pluie pour se calmer…

Que faire, si vous avez l'impression que le maître dépasse les bornes ? En discuter avec les autres parents tout d'abord, pour vérifier que votre enfant n'affabule pas. Puis, en concertation avec les délégués de parents d'élèves (on est plus fort à plusieurs), rencontrer le directeur de l'établissement pour qu'il évoque le problème avec son enseignant. Si le directeur s'obstine à protéger ce dernier, n'hésitez pas à remonter jusqu'à l'inspection. Le respect d'un élève pour son maître a ses limites et il doit être à double sens. Si l'on n'aime pas les enfants, il ne faut pas faire ce métier.

Il la trouve « nulle »

Certains enfants n'hésitent pas à critiquer les compétences de leur maîtresse, ce qu'ils résument d'une formule lapidaire : « Elle est nulle ! » Cette réaction est inquiétante, car l'estime et le respect sont à la base de tout enseignement. Il est impossible de recevoir l'apprentissage d'une personne que l'on n'estime pas, qu'il s'agisse de ses parents, d'un instituteur ou d'un professeur de danse.

D'où vient cet état d'esprit ? D'une déception, peut-être. La maîtresse qu'il a cette année ne soutient pas la comparaison avec celle qu'il adorait l'an passé. Ou alors, l'enfant s'est construit avec ses lectures une image idéale de la maîtresse, et la sienne lui paraît bien fade à côté : maîtresse maman, pleine de tendresse, maîtresse séductrice, dont il est secrètement amoureux, maîtresse mamie, qui le nourrit de connaissances.

Les élèves en échec scolaire, par un mécanisme de défense psychologique, rendent volontiers leur maîtresse responsable de leurs difficultés : s'ils ne réussissent pas, c'est parce qu'elle n'est pas à la hauteur, certainement pas à cause de leur manque de travail ! Cette déception est sans doute réciproque : elle-même s'en veut, inconsciemment, de n'avoir pas su

sortir son élève de cet échec, ce qui crée chez elle un sentiment d'irritation.
Il n'est pas impossible non plus que notre enfant nous ait entendu prononcer des paroles négatives sur son institutrice, et se soit approprié notre jugement. Ou tout simplement qu'il nous sente mal à l'aise en sa présence.
Il ne faut jamais critiquer un enseignant devant son enfant, même si on ne l'apprécie pas, même si l'on conserve un mauvais souvenir de ses années d'école. Nous n'avons pas à régler nos comptes avec l'Éducation Nationale par son intermédiaire. Son avenir scolaire en dépend, et celui-ci passe par un minimum d'adhésion de notre part, même hypocrite.
Certains enfants enfin manquent de respect vis-à-vis de leur maître parce qu'ils ne respectent rien, lui pas plus que le reste. C'est un problème éducatif: leurs parents ne leur ont jamais posé de limites, et ils rechignent à accepter celles que leur impose l'école. Sans doute leurs parents ont-ils eux aussi du mal à se soumettre aux règles sociales de base? Il ne suffit pas de dire les choses, il faut les appliquer. On ne peut pas exiger d'un enfant qu'il respecte l'école, et lui faire manquer la classe le samedi pour partir en week-end.
Si votre enfant trouve que sa maîtresse est «nulle», tâchez donc de lui faire préciser pourquoi. Il se peut

qu'il soit très vite à court d'arguments. Répondez-lui alors que c'est une excellente motivation pour passer en classe supérieure, et qu'il ne pourra qu'être agréablement surpris l'an prochain.

L'essentiel

- Plus les enfants sont jeunes, plus ils fonctionnent à l'affectif avec leur maîtresse. C'est une bonne et une mauvaise chose à la fois. Une bonne, parce que plaire à sa maîtresse est un excellent moteur d'apprentissage. Une mauvaise, car l'apprentissage ne doit pas dépendre uniquement de cette relation.

- Quand un maître punit un élève ou lui met une mauvaise note, c'est son comportement ou son travail qu'il juge, pas sa personne.

- L'apprentissage passe par le respect et l'estime de son maître. Ce respect trouve sa source dans l'éducation que nous donnons à notre enfant, et dans la manière dont nous lui parlons de son enseignant.

Chapitre 7
Il n'a pas de copains

L'école est le lieu où l'on retrouve ses copains. La cour de récréation est un formidable terrain de jeu, où l'on se défoule et se mesure aux autres, à l'écart du regard des adultes, où l'on tisse des liens d'amitié. Mais elle devient redoutable pour les « sans amis »...

Il aime retrouver ses copains à l'école

« La seule chose que j'aime à l'école, c'est les copains ! » Même si votre enfant apprécie peu la classe, il y a fort à parier qu'il y aille avec plaisir, pour retrouver ses amis. L'école, ou plus précisément la cour de récréation, est un immense terrain de jeu où se pratiquent les activités ludiques les plus variées : élastique, corde à sauter, chat, foot, cartes à collectionner... Un lieu de vie et de défoulement, soupape indispensable après les longues heures de cours.

C'est également un lieu d'apprentissage de la vie sociale, où les enfants élaborent leurs propres règles, à l'écart du regard des maîtres. Elles sont, le plus souvent, calquées sur celles des adultes. Si les élèves de maternelle préfèrent se rallier à un chef et lui obéissent sans discuter, l'égalité et la justice règnent dans les écoles primaires : ici on n'hésite pas à voter pour choisir un jeu et l'on prend volontiers la défense des plus faibles. Les leaders n'ont certes pas disparu, mais on les remet plus facilement à leur place quand ils font preuve d'autorité. Les enfants ont besoin, à partir de 6-7 ans, de s'identifier à leurs pairs pour grandir. Ils choisissent en général leurs modèles parmi ceux qui émergent : les plus intelligents, les plus forts, les plus drôles, les plus débrouillards surtout. Certainement pas les plus gros, qui renvoient à une image du bébé joufflu et maladroit qui mange tout le temps et manque d'autonomie. De la même manière, les « chouchous », qui sont très proches de la maîtresse, renvoient à une image d'enfant collé aux jupes de sa mère. On ne peut pas s'identifier à quelqu'un qui vous tire en arrière.

L'école est enfin pour l'enfant un lieu d'ouverture aux autres, indispensable pour son épanouissement. Le lieu idéal pour se lier d'amitié et tomber amoureux. On y apprend à séduire et à s'affirmer, à écouter les autres et à partager: son goûter, ses passions du moment et ses déceptions... C'est en soi une autre école, qui développe l'intelligence des relations humaines.

Il n'a pas de copains, c'est un «sans amis»

Certains élèves redoutent l'école, parce qu'elle met en évidence leur solitude. Quand les classes s'éparpillent dans la cour, ils se retrouvent seuls dans un coin, sans personne à qui parler. Ils sont aussi les derniers à être choisis quand il s'agit de constituer une équipe de foot ou de hand. Cette solitude est un sentiment très douloureux, aussi faut-il y remédier très vite, avant qu'elle ne s'éternise.
Il faudrait, dans un premier temps, tâcher d'en déterminer l'origine. Si vous venez de déménager, il est normal que votre enfant se sente perdu dans sa nouvelle école. Les élèves s'y connaissent depuis la maternelle souvent, et les groupes sont déjà formés. Rassurez-vous: il est rare qu'un nouveau reste isolé très longtemps. L'organisation des classes par tranches d'âge, la culture commune des enfants et leur curiosité naturelle devraient faciliter l'entrée en matière.
Les enfants qui restent seuls, les «sans amis» comme ils s'appellent entre eux, ont probablement des problèmes

plus anciens ou plus délicats à résoudre. L'ouverture aux autres fait partie du développement psycho-affectif, à cet âge il n'est pas normal de rester replié sur soi-même. L'école, d'ailleurs, participe à cette socialisation progressive.
Comment expliquer alors cette difficulté à communiquer ? Votre enfant connaît peut-être des difficultés scolaires, il en a honte et n'ose pas de ce fait se lier avec les autres, en d'autres termes, il ne se sent pas digne d'être aimé. Si c'est le cas, il faut agir en priorité sur ce point : le mettre en situation de réussite pour qu'il se reconstitue peu à peu une image positive de lui-même. Votre enfant est peut-être très doué à l'inverse, la maîtresse le cite sans arrêt en exemple et cela suscite la jalousie des autres. Les chouchous n'ont pas toujours bonne presse (voir *chapitre précédent*). Quant aux enfants précoces qui sautent une ou deux classes, ils sont parfois complètement décalés au point de vue maturité, jouent aux cartes Pokémon ou à la poupée Barbie, quand les autres s'envoient des mots doux, se font traiter de bébés et se retrouvent isolés. C'est la raison pour laquelle il faut toujours prendre en compte la maturité affective d'un enfant avant de lui faire sauter une classe.
Mais ces problèmes de communication trouvent peut-être leur source dans vos relations familiales. Les enfants

uniques, qui ont grandi avec des adultes, ne sont pas toujours très à l'aise avec des jeunes de leur âge. Ceux qui ont du mal à rompre le lien maternel s'investissent difficilement dans une nouvelle relation. Ceux dont les parents se montrent très protecteurs appréhendent l'inconnu, et ne vont pas spontanément vers les autres. Plus grave : certains enfants ne réussissent pas à se lier, parce qu'ils ne reçoivent aucune affection chez eux. Ils ne savent pas interpréter les gestes les plus élémentaires d'amitié : un sourire, une tape dans le dos, un cadeau. Il s'agit là d'un cas extrême.

Les enfants évoquent rarement leur solitude, comme s'ils se sentaient un peu coupables de leur isolement. Comment la percevoir donc, puisque vous n'assistez pas aux récréations ? Si vous constatez qu'à la sortie, aucun élève ne le retient pour bavarder et qu'il est pressé de rentrer, si personne ne l'invite le mercredi après-midi, il se peut, oui, qu'il manque de copains. Évoquez alors la question délicatement, même s'il est difficile pour lui d'en déterminer la cause. Suggérez-lui d'apporter des jeux à l'école pour faciliter le contact, incitez-le à partager son goûter : ça marche à tous les coups ! De votre côté, invitez à la maison un ou deux camarades, pour qu'il apprenne à mieux les connaître, en petit comité. Ils serviront ensuite d'intermédiaires.

N'oubliez pas non plus de fêter son anniversaire, ce qui lui vaudra d'être invité en retour.

Enfin tâchez de modifier, si nécessaire, votre propre comportement : invitez des amis à dîner pour lui montrer l'exemple, partez en vacances à plusieurs familles et laissez-le sans crainte partir en classe de découverte, pour l'aider à se détacher de vous. Si malgré tous ces efforts, votre enfant reste solitaire, n'hésitez pas à consulter un psychothérapeute, qui l'aidera à surmonter sa timidité ou sa peur des autres.

On se moque de lui

Pour certains élèves, qui se distinguent des autres par un détail physique (cheveux roux, lunettes, petite taille...), une difficulté de langage ou un statut différent (enfants adoptés, enfants du voyage), l'école peut devenir un véritable calvaire. Il suffit parfois d'une réflexion désagréable ou d'une moquerie proférée par une « grande gueule », pour que s'enclenche le phénomène. Les autres élèves ricanent bêtement, la « victime » fragilisée ne répond pas à l'attaque, et devient peu à peu le souffre-douleur de la classe. Les enfants obèses sont les premiers à souffrir de ce jeu cruel. En revanche, il

semblerait que la couleur de peau ne soit pas, à cet âge, un critère de rejet.
Si votre enfant subit de telles brimades, n'attendez pas pour intervenir qu'elles se transforment en harcèlement. Sans tomber dans la paranoïa, évoquez le problème avec l'instituteur : il veillera à ce qu'elles ne se reproduisent plus et, s'il se montre consciencieux, abordera la question de manière détournée en instruction civique, au chapitre tolérance et respect d'autrui. Rencontrez le père ou la mère du « bourreau » de votre enfant, et sans dramatiser la situation, racontez-leur ce que leur rejeton fait subir au vôtre. Avec un peu de chance, ils réagiront en parents responsables et lui feront la leçon. Vous pouvez aussi compter sur la solidarité entre élèves, c'est une valeur sûre, en suggérant au meilleur ami de votre enfant de le défendre si nécessaire. Apprenez-lui enfin à prendre les sarcasmes de haut, à y répondre avec humour s'il en est capable, ou à les ignorer. Ses tortionnaires finiront bien par se lasser, s'ils n'ont plus de prise sur lui. Suggérez-lui également de valoriser l'une de ses qualités, qui le rendra indispensable aux yeux des autres : on a toujours besoin d'un goal au foot, même s'il porte des lunettes !
Il est enfin des sujets de moqueries sur lesquels un parent peut intervenir. Si votre fille est la risée de toute sa classe

à cause de ses vêtements, faites donc un petit effort. Sans dépenser des fortunes en vêtements de marque, ni l'habiller en lolita, choisissez avec elle des tenues un peu plus dans l'air du temps, qui l'aideront à s'identifier à ses copines. Cela peut paraître futile, mais cela compte pour son image et ses relations avec les autres, surtout chez les plus âgées. Qui a envie de s'afficher avec une CM2 qui s'habille en petite fille modèle ou avec les survêtements de son grand frère ?
L'obésité n'est pas une fatalité non plus et il faut la prendre avec sérieux. Si votre enfant présente un réel surpoids, interrogez-vous sur son alimentation, et sur la vôtre par la même occasion. Combien de fois mangez-vous des légumes verts et des fruits par semaine ? Les nutritionnistes recommandent d'en manger cinq par jour. Interrogez-vous également sur ses activités sportives. Si elles se limitent à la pratique du football sur Playstation, il y a un problème. Mais il est très difficile de mettre au régime un enfant, ou de le sensibiliser à ce qu'il mange. Ne serait-ce que parce toute la famille est concernée ! L'idéal, en la matière, est de prendre conseil auprès d'un nutritionniste.

Il a peur des bagarres

La cour de récréation est un lieu où s'expriment souvent des violences: violences verbales mais aussi physiques. Les élèves sortent d'une heure et demie de cours, où ils ont dû se contenir, rester assis sans bouger, obéir à la maîtresse sans discuter, essuyer peut-être un sermon. Il est normal qu'en récréation ils éprouvent le besoin de se défouler, d'exploser comme un ressort resté trop longtemps tendu. D'autant plus qu'il s'agit d'un temps très bref: il faut donc en profiter! Cette explosion se manifeste souvent par des jeux très physiques, pour ne pas dire virils: courses poursuites, bousculades, jeux de ballon, bagarres «pour de faux» et parfois «pour de vrai».
Certains enfants apprécient peu cette atmosphère survoltée, d'autant qu'elle contraste terriblement avec le calme et l'ordre de la classe, et que les règles n'en sont pas les mêmes. Ici, même si les enseignants surveillent la cour, ce sont les élèves les plus forts qui dictent la loi, c'est-à-dire les plus âgés ou les plus violents. Et quand l'instituteur intervient pour séparer deux enfants, il arrive fréquemment qu'il les punissent tous deux, l'agresseur comme l'agressé. Ce dernier le vit comme une injustice, une deuxième violence à son égard.

Moi, j'aime pas trop l'école

Si votre enfant se plaint d'être un peu bousculé, s'il redoute ces moments de récréation, il n'y a pas forcément lieu de s'en inquiéter. Les débordements sont en effet très rares en primaire, car les enseignants sont présents pour calmer le jeu. Et puis les élèves, même les petits CP, apprennent très vite à se regrouper pour résister à un CM2 brutal : ils apprécient peu la violence gratuite, et auront vite fait de le marginaliser.

Cependant, il serait hypocrite de le nier, la violence n'est pas absente de certaines écoles. Il suffit d'ailleurs d'un ou deux élèves. Et les instituteurs ne peuvent avoir l'œil sur tout, à chaque instant. Si votre enfant redoute les bagarres, conseillez-lui tout simplement de s'en tenir à l'écart. Si en revanche il assiste réellement à des scènes de brutalité, ou s'il en est victime lui-même, allez voir avec lui sa maîtresse ou la directrice. Il n'y a aucune honte à dénoncer un élève violent. Bien au contraire, vous soulagerez ainsi tous les enfants qu'il fait souffrir, et vous lui rendrez service, en lui apprenant qu'on ne se comporte pas ainsi. Avec le racket, il faut adopter la même attitude. Évitez surtout de garder le silence, qui ne fait que renforcer le pouvoir des racketteurs, même s'ils menacent de représailles votre enfant. À cet âge, on peut espérer que les racketteurs se dégonflent très vite, et surtout qu'ils s'amendent pour l'avenir.

Hormis ces cas extrêmes, qui rappelons-le sont très rares en primaire, évitons de trop intervenir dans les relations de notre enfant avec ses copains, y compris ceux qu'il redoute. La récréation est un moment très précieux, où il apprend à se confronter aux autres, à se défendre et à s'affirmer, à nouer des alliances et des amitiés, à venir en aide à un copain en difficulté, bref, où il développe son sens des relations humaines, en parfaite autonomie. Un moment assez rare dans la vie d'un enfant pour que les adultes se gardent d'y intervenir.

L'essentiel

La cour de récréation n'est pas seulement un formidable terrain de jeu. C'est le lieu où les enfants, en parfaite autonomie, apprennent à développer leur sens des relations humaines.

Les enfants qui n'aiment pas l'école, bien souvent adorent y retrouver leurs copains. Si votre enfant n'a pas d'amis il faut s'en inquiéter, chercher à savoir pourquoi, et tout mettre en œuvre pour favoriser ses amitiés.

Moi, j'aime pas trop l'école

Un enfant qui n'a pas d'amis à l'école est peut-être en décalage par rapport à ses copains de classe, d'un point de vue scolaire ou maturité. Il se peut aussi qu'il manque de confiance en lui, ou n'ait pas appris au sein de sa famille à s'ouvrir aux autres.

La violence et le racket sont rarissimes dans les écoles primaires. Si votre enfant en est victime, il doit impérativement en parler à un adulte.

Chapitre 8
Et si ça venait d'ailleurs ?

Quand un enfant perd le goût de l'école ou que ses notes dégringolent du jour au lendemain, son problème vient parfois d'ailleurs. Dépression, maltraitance, phobie scolaire : les causes peuvent en être multiples.

Il ne parle pas à l'école

Si certains enfants, par excès de timidité, n'osent pas prendre la parole en classe, il en est d'autres, peu nombreux heureusement, qui n'ouvrent jamais la bouche. Ce mutisme, qui ne se décèle pas toujours en maternelle, devient évident au cours préparatoire avec l'apprentissage de la lecture : l'élève, qui peut d'ailleurs se montrer très performant à l'écrit, refuse obstinément de prononcer un mot. Le mutisme est souvent mal vécu par les enseignants qui l'interprètent comme une forme d'agressivité : en se comportant ainsi, l'enfant se soustrait aux règles de l'école et manifeste un sentiment de toute-puissance par rapport au maître, même inconscient.

Les enfants mutiques ne sont pas muets, puisqu'ils s'expriment tout à fait normalement chez eux, mais ils refusent de parler dès qu'ils se retrouvent confrontés à des étrangers, à l'école ou ailleurs. Ce trouble du comportement a des explications multiples, parmi lesquelles une relation très fusionnelle avec la mère ou une phobie sociale. Il peut aussi avoir pour origine un secret de famille ou la naissance d'un deuxième enfant. Il nécessite en tout cas une prise en charge par un thérapeute.

Est-il dépressif ?

Si votre enfant du jour au lendemain se met à perdre le goût de l'école, s'il joue moins volontiers avec ses copains et que ses notes dégringolent, s'il présente des troubles du sommeil et que tout l'ennuie, s'il se plaint d'une extrême fatigue et d'une profonde tristesse, il se peut qu'il traverse un épisode dépressif, ou soit atteint de dépression chronique.

Attention cependant à ne pas s'alarmer inutilement ! Un élève fatigué ou dont les résultats fléchissent n'est pas forcément déprimé. De même, un enfant qui vient de perdre son grand-père ou son animal familier peut connaître un épisode dépressif réactionnel, et se désintéresser de l'école temporairement.
Mais l'association et la persistance de tous ces symptômes, accompagnés d'un fort sentiment d'autodépréciation (« Je suis nul ! ») nécessitent que l'on prenne l'affaire au sérieux. Seuls un psychologue ou un pédopsychiatre seront à même de faire ce diagnostic et de prescrire une thérapie appropriée. Sachant que plus un enfant est pris en charge tôt, plus il a de chances de surmonter rapidement sa dépression. Il ne faut pas attendre que la maladie creuse en lui son sillon, perturbe ses performances scolaires et ses relations avec les autres.

Il est atteint de phobie scolaire

Un pour cent des enfants seraient atteints de phobie scolaire en France, une maladie qui se caractérise par une impossibilité physique à se rendre à l'école. Il ne s'agit pas de la confondre avec l'école buissonnière, ni avec le refus scolaire : l'enfant ne fait preuve d'aucune mauvaise volonté. Au contraire, il se peut même que la veille au soir, il ait envie d'aller en classe. Mais le jour même, au moment de quitter la maison, il se met à somatiser : il a mal au ventre ou à la tête, est pris de vomissements, fait une crise d'asthme, s'il est asthmatique ... Et ses troubles et son anxiété ne cessent de s'amplifier au fur et à mesure qu'il s'approche de l'établissement. Si les phobiques les plus légers connaissent bien l'infirmerie de l'école, les phobiques les plus atteints ne parviennent pas à franchir les grilles de la cour.

Comment naît la phobie scolaire ? Les spécialistes ont mis en évidence plusieurs causes. La plupart du temps, il s'agit d'une réactivation de l'angoisse de la séparation : l'école représente pour l'enfant trop protégé un milieu hostile dans lequel il se sent menacé. La phobie scolaire peut aussi exprimer une anxiété de performance : l'enfant a peur de décevoir ses parents. Elle a parfois pour origine une phobie sociale, s'il est mal à l'aise en présence de ses pairs. Elle peut enfin se développer à partir d'un tic obsessionnel compulsif (TOC), qui dans un lieu public prend des proportions insurmontables : phobie de la saleté, phobie des microbes...

La phobie scolaire connaît un pic de fréquence vers 5-7 ans, puis à nouveau vers 11 ans, soit grosso modo à l'entrée en primaire et au collège. Par crainte de la nouveauté, mais surtout parce que ces étapes réveillent l'angoisse de séparation et le sentiment d'abandon. L'enfant quitte chaque fois un milieu protégé pour un milieu moins protecteur, comme ce fut le cas à son entrée en maternelle. À l'époque, il lui fallait impérativement être propre pour être accepté. Il n'est donc pas anodin que la phobie scolaire se manifeste, elle aussi, par des troubles digestifs.

Si votre enfant présente ces symptômes, prenez rendez-vous chez un généraliste ou un pédiatre. Si ce dernier lui trouve une explication médicale, une gastro-entérite par exemple, cela suffira peut-être à le rassurer. Car le risque existe qu'à terme il refuse de se rendre à l'école par peur de vomir, et non plus par phobie scolaire.

Si en revanche les symptômes persistent, n'hésitez pas à consulter un psychologue ou un pédopsychiatre qui sont le plus à même de diagnostiquer, puis de guérir cette maladie. Les thérapies comportementales sont efficaces pour apprendre à l'enfant à gérer ses angoisses, l'aider à reprendre progressivement le chemin de l'école. La psychothérapie permet aussi de faire ressurgir un épisode traumatisant ancien qui pourrait empêcher, inconsciemment, l'enfant d'aller à l'école: un pipi dans sa culotte en maternelle par exemple. Quand la phobie devient trop violente, il faut envisager une prise en charge provisoire dans un internat thérapeutique.

Les maltraitances invisibles

Certains enfants n'aiment pas ou n'aiment plus l'école, parce que leurs parents l'investissent trop ou mal. Pour eux, une mauvaise note est synonyme à la maison de punitions et de brimades, de remarques humiliantes, qui sans laisser de traces physiques n'en provoquent pas moins des séquelles psychologiques: l'enfant abonné aux critiques ou qui ne reçoit jamais un compliment finit inévitablement par perdre toute estime personnelle.
La presse s'est souvent fait l'écho récemment de ces violences invisibles, qui représentent 30% des appels au 119 (Allo Enfance maltraitée). Le pire, c'est qu'elles sont perpétrées par des parents qui pensent agir pour le bien de leur enfant: eux-mêmes ont probablement été élevés ainsi, «à la dure», pour donner paraît-il le meilleur d'eux-mêmes.
Gardons-nous d'adopter ce type de comportement, car il est très nocif pour le développement psycho-affectif de notre enfant. Un enfant a besoin pour grandir et prendre de l'assurance d'être encouragé dans

ses efforts, complimenté pour ses progrès. Il n'a aucunement besoin d'être enfoncé davantage s'il ramène une mauvaise note : cette dernière est déjà une punition. Ce qui compte d'ailleurs, ce n'est pas tant ses résultats que ce qu'il apprend.

Pour être heureux à l'école, un enfant a également besoin d'être heureux à la maison : que ses parents s'intéressent à ce qu'il aime, qu'ils s'investissent affectivement, passent du temps à jouer, lire, discuter ou se promener avec lui. Et si ce temps leur est compté par un travail trop envahissant, que la qualité de leurs relations se substitue au moins à la quantité.

L'essentiel

Un enfant dont les notes se mettent à chuter, qui présente des symptômes de tristesse, d'ennui et de fatigabilité excessive est parfois un enfant déprimé.

La phobie scolaire se caractérise par une impossibilité physique à se rendre à l'école : l'enfant se plaint le matin de maux de ventre, de maux de tête, il se met à vomir. Une prise en charge thérapeutique est souvent nécessaire pour surmonter cette angoisse.

Conclusion

L'école est un passage obligé pour s'intégrer dans la société. Un lieu où l'on acquiert des connaissances et des outils de base (lire, écrire, compter), une culture indispensable pour devenir un homme responsable, libre, curieux et ouvert sur le monde. C'est également un lieu privilégié pour apprendre à vivre avec les autres : les respecter, tisser des liens d'amitié, s'affirmer.

Pour toutes ces raisons, et aussi parce que nos enfants y passent six heures chaque jour, il est important que leur scolarité se déroule de manière harmonieuse. Cette responsabilité n'incombe pas au seul enseignant ! Nous, parents, pouvons jouer un rôle en ce domaine, en leur apprenant à devenir autonomes, en stimulant leur curiosité, en nous intéressant à leurs apprentissages plutôt qu'à leurs notes, en encourageant leurs efforts et en acceptant leurs faiblesses. La scolarité d'un enfant ne suit pas une courbe linéaire, elle nécessite souvent des périodes d'adaptation.

Gardons-nous également de sacraliser l'école ou d'idéaliser celle de notre enfance. L'école n'est pas une fin en soi mais un moyen : la famille, les copains, la nature, les livres constituent autant de sources d'apprentissage. Évitons enfin de nous focaliser sur les performances : il y va du bonheur de notre enfant... Et de sa réussite scolaire !

Bibliographie

Pour les parents

ADDA A. et CATROUX H., *L'Enfant doué, l'intelligence réconciliée,* Odile Jacob, 2003.

AUBERT J.-L., *Du berceau à l'école, les chemins de la réussite,* Albin Michel, coll. «Questions de parents», 1996 – *Intelligent, mais peut mieux faire,* Albin Michel, coll. «Questions de parents», 2000.

CHAUVEAU G. et MAYO C., *Il a du mal à apprendre à lire, comment l'aider?,* Albin Michel, coll. «C'est la vie aussi», 2004.

CHEVALIER B., *Il a du mal à l'école, un peu, beaucoup, trop… Comment l'aider?,* Albin Michel, coll. «Questions de parents», 2003.

CLERGET S., *Ils n'ont d'yeux que pour elle. Les enfants et la télé,* Fayard, 2003.

—, *Ne sois pas triste mon enfant, comprendre et soigner la dépression des petits,* Robert Laffont, 1999 (ou Marabout, 2003).

DELALANDE J., *La Récré expliquée aux parents,* Louis Audibert, 2003.

DELVOLVÉ N., *Mon enfant, cet élève, le guide pour tous les parents,* Milan, coll. «Du côté des parents», 2004.

Moi, j'aime pas trop l'école

DUCO M.-C., *Papa, Maman, l'école et moi*, Fleurus, coll. « Le métier de parents », 1999.

EVANO C., *La gestion mentale : un autre regard, une autre écoute en pédagogie*, Nathan, coll. « Outils pour la classe », 1999.

GARANDERIE A. (de La), *Les grands projets de nos tout-petits*, Bayard, 2001.

— et CATTAN G., *Tous les enfants peuvent réussir*, Marabout, 2001.

GAYET D., *L'Élève côté cour, côté classe*, INRP, 2003.

Pour les enfants

BELLER R. et COSTA-PRADES B., *Comment survivre à l'école*, Albin Michel Jeunesse, 2002.

NICOLAÏ J. et QUENTREC M., *Noé n'aime pas la récré*, Fleurus, coll. « J'aime la vie ! », 2002.

SAINT MARS D. (de) et BLOCH S., *Max n'aime pas lire - Max n'aime pas l'école - Max part en classe verte - Max veut se faire des amis - Max se bagarre - Max est racketté*, Calligram, coll. « Ainsi va la vie ».

VILLEMINOT V. et PARIENTY L., *Anatole n'aime pas l'école*, Fleurus, coll. « J'aime la vie ! », 2003.

Contacts utiles

Inter service Parents : Tél. : 01 44 93 44 93 – 5, impasse de Bon-Secours, 75011 Paris.
Site Internet : www.ecoledesparents.org
Psychologues, conseillers d'orientation, juristes, conseillers en loisirs... : des spécialistes répondent à toutes les questions que vous vous posez au sujet de vos enfants.

Méthodes de travail

Institut international de gestion mentale : Tél. : 01 64 46 30 56 – 7, avenue du Maréchal-Foch, 91400 Orsay, le mardi de 9 h 30 à 17 h 30.
Site Internet : www.iigm.org

Dyslexie

Apedys France : Tél./fax : 01 30 30 22 62 – 3, impasse Pente, 95280 Jouy-le-Moutier.
Site Internet : www.apedys.org
Cette fédération regroupe 30 associations régionales et départementales de parents d'enfants dyslexiques.

Enfants précoces

AFEP (Association française pour les enfants précoces) : Tél. : 01 34 80 03 90 – 13 bis, rue Albert-Joly, 78110 Le Vésinet. Site Internet : www.afep.asso.fr

ANPEIP (Association nationale pour les enfants intellectuellement précoces) : Tél. : 04 93 92 10 53 – 26, avenue Germaine, 06300 Nice.
Site Internet : www.anpeip.org

Fédérations de parents d'élèves

Voici les trois principales fédérations de parents d'élèves. Vous trouverez sur leur site les coordonnées de l'association la plus proche de votre domicile :

FCPE (Fédération des conseils des parents d'élèves) : Tél. : 01 43 57 16 16 – 108, av. Ledru-Rollin, 75544 Paris Cedex 11.
Site Internet : www.fcpe.asso.fr

PEEP (Fédération des parents d'élèves de l'enseignement public) : Tél. : 01 44 15 18 18 – 89, bd Berthier, 75017 Paris.
Site Internet : www.peep.asso.fr

UNAPEL (Union nationale des associations de parents d'élèves de l'enseignement libre) : 277, rue Saint-Jacques, 75005 Paris. Tél. : 01 53 73 73 90.
Site Internet : www.appel.asso.fr

Remerciements

Tous nos remerciements à Jean-Luc Aubert et à Jeannine Perret, psychologues scolaires; à Brigitte Chevalier, chercheur en sciences de l'information et de la communication; à Cécile Chouridis, formatrice en gestion mentale et à Michèle Giroul, présidente de l'Institut international de gestion mentale; à Nicole Delvolvé, docteur en psychologie ergonomique; à Isabelle Riveill, maître G; à Anne Tirilly, orthophoniste; à Véronique Villeneuve, assistante sociale, et à Anne Visery, maître E, pour l'aide précieuse qu'ils ont bien voulu nous apporter.

Table

AUTRES OUVRAGES D'ANNE LANCHON

En finir avec vos complexes,
De La Martinière Jeunesse, coll. « Hydrogène », 2003.

L'adoption, des ados en parlent,
De La Martinière Jeunesse, coll. « Oxygène », 2004.

Les Droits des enfants,
Flammarion Jeunesse, coll. « Castor Doc », 2004.

Dans la même collection

Emmanuelle Rigon et Marie Auffret-Pericone
Je rassure mon bébé – L'apaiser et l'encourager, de 0 à 2 ans

Gérard Chauveau et Carine Mayo
Il a du mal à apprendre à lire – Comment l'aider ?

Gérard Poussin et Anne Lamy
Réussir la garde alternée – Profiter des atouts, éviter les pièges

Dr Patrice Huerre et Laurence Delpierre
Arrête de me parler sur ce ton ! – Comment réagir ?

Stéphane Bourcet et Isabelle Gravillon
Mon enfant a été agressé – Dans la rue, à l'école, à la maison...

Ginette Lespine et Sophie Guillou
Surmonter le chômage en famille – Comment rebondir ?

Myriam Szejer et Marie Auffret-Pericone
L'entrée à la maternelle – Une grande aventure pour l'enfant

Béatrice Copper-Royer et Guillemette de Laborie
Non, tu n'es pas encore ado ! – Les 8-12 ans sont toujours des enfants

Xavier Pommereau et Laurence Delpierre
En ce moment, mon ado m'inquiète – À tort ou à raison ?

Christine Brunet et Nadia Benlakhel
C'est pas bientôt fini, ce caprice ? – Les calmer sans s'énerver

Jocelyne Dahan et Anne Lamy
Un seul parent à la maison – Assurer au jour le jour

Dr Patrick Blachère et Sophie Rouchon
Petites infidélités dans le couple – Ça passe ou ça casse ?

Conception graphique et réalisation : Louise Daniel.
Impression Bussière en février 2005.
Éditions Albin Michel, 22, rue Huyghens, 75014 Paris.
www.albin-michel.fr
ISBN : 2-226-15727-1
N° d'édition : 23179. – N° d'impression : 050747/1.
Dépôt légal : mars 2005.
Imprimé en France.